大村敦志 著

新 基本民法

Nouveau droit civil fondamental

契約編

Contrats spéciaux

第2版

各種契約の法

有斐閣

■ 第2版はしがき

　『新基本民法』シリーズは，2014年から2017年にかけて刊行された。この間，2017年6月にはいわゆる債権法改正が実現した（2020年4月施行）。また，シリーズ完結後の2018年6月には成年年齢の引下げ（2022年4月施行），7月には相続法改正（2019年7月施行，一部は2020年4月施行），そして2019年6月には特別養子法の改正（2020年4月施行）がこれに続いた。本シリーズでは，債権法改正については法案の段階で織り込み済みではあるが，改正法が成立し施行日も定まった今日，旧法と法案とが併記されたままの記述は煩わしく感じられる。また，その後の改正である2018年・2019年の三つの改正についても，可能な限り早い時期に対応することが望まれる。そこで，順次，版を改めて必要な増補を行うこととした。初版の場合と同様，2，3年のうちには作業を完結させたいと考えている。

　民法改正は今後も進む。法制審議会は2019年2月には特別養子法の改正要綱を取りまとめると同時に，所有者不明土地に関する改正のための部会を設置した。また，実親子関係や非典型担保についても，立法に向けて研究会が設置されている。それゆえ，第2版の刊行後もほどなく改訂が必要になることが予想される。あまり遅れることのないように対応していきたいと考えているが，改訂が遅れそうな場合には（第2版について言えば，相続編の改訂までには多少時間がかかる），暫定的な措置として有斐閣のウェブサイトに改正法に関する解説を掲載することも検討しているので，そちらもあわせてご覧いただきたい。

　初版と同様に第2版についても，シリーズ全体としては有斐閣法律編集局書籍編集部長の藤本依子さんにご担当いただいているが，本巻に関しては，同編集部の中野亜樹さんを煩わせた。この場を借りてお礼を申し上げる。

2020年2月

大　村　敦　志

■ 初版はしがき

　『新基本民法』シリーズは，2001年から2004年にかけて初版が公刊された『基本民法』シリーズを引き継ぐものである。執筆にあたっての考え方は旧シリーズと同じであるので，後掲の「基本民法Ⅰ・初版はしがき」をご覧いただきたい。ただし，旧シリーズが民法典の前3編（総則・物権・債権）を対象とする3巻本であったのに対して，新シリーズにおいては，私の勤務校以外での使用の便宜も考えて既刊の3巻を6冊に分けるとともに，親族・相続を対象とする2冊（2008年度・2010年度の講義ノートをもとにしている）を新たに加えることとした。その結果，総則編・物権編・担保編・債権編・契約編・不法行為編・家族編・相続編の計8冊となる。

　8冊には法典順に巻数を付したが，これとは異なる組み合わせでの利用も考えられる。私は勤務校では，総則編と物権編，担保編と債権編，契約編と不法行為編，家族編と相続編とをセットにして用いるが，自由なカリキュラム編成が許されるならば，民法全体のうち家族編・物権編・不法行為編（「人の法」6単位），契約編・債権編・総則編（「契約関係の法」6単位）を必修科目とし，相続編（2単位），担保編（2単位）を選択科目とするのも一案だと考えている（新シリーズはほぼこの順序で公刊する予定である）。ほかにもいくつかの編成方法が考えられよう。

　旧シリーズの刊行終了から新シリーズの刊行開始までの10年間には，いろいろなことがあったが，とりわけ，法科大学院の発足と民法の全面改正への着手が大きな出来事であった。当初は活気を見せていた法科大学院にも，司法試験合格率の見かけ上の低下に伴い，受験指向の強い学生が増えてきたと言われる。それでも，基本を理解することの必要性は依然として変わらない。民法の改正がこの先どのように進んで行くのかはわからない。とはいえ，変化していく民法の姿をその骨格において把握することはますます重要になるだろう。

　なお，旧シリーズに対しては，内容はわかりやすいが簡素に過ぎる，という批判があった。しかし，教科書には骨子が書いてあればよく，授業においては教科書を使いつつ，それとは別の話を行うのがよい。私自身もこれまでそうしてきたし（その内容の一部は『もうひとつの基本民法』や『民法のみかた』になっている），これからもそうしたいと考えている。

　もっとも，今後の法学部における民法学習のあり方を考えるならば，法システムの説明は簡単でよいとしても，システム外の要素については学習のための手がかりを示した方がよいのかもしれない。また，本格的な民法学習以前に，あるいはこれと並行

して知っておいた方がよいこともある。これらの点については，別の機会を持ちたいと考えている。現時点ではさしあたり，私の他の著作（『民法読解』シリーズのほか『フランス民法』『日韓比較民法序説』や『不法行為判例に学ぶ』『文学から見た家族法』，あるいは『民法総論』や『民法 0・1・2・3 条』『民法改正を考える』など）で補っていただきたい。

　旧シリーズの刊行に際しては，酒井久雄さんから多大な援助を得たが，新シリーズの構想にあたっては辻南々子さんにお世話いただいたほか，本巻の編集については藤本依子さん，中野亜樹さんを煩わせた。有斐閣の皆さまには，この場を借りてお礼を申し上げる。校正を手伝って下さった，私設秘書の伴ゆりなさんにも，あわせてお礼を申し上げたい。

2016 年 6 月

大 村 敦 志

■ 基本民法Ⅰ・初版はしがき──本シリーズの趣旨と内容

　『基本民法』シリーズは，大学の法学部（法学科なども含む学部段階における法学専門コース）における民法（財産法部分）の教育・学習のために書かれた全3巻の教科書である。総則・物権総論を扱う本書はその第Ⅰ巻であるが，続いて，第Ⅱ巻（債権各論），第Ⅲ巻（債権総論・担保物権）の刊行が予定されている。

　1　ある法領域の全体を対象とする概説書は，一般に教科書と体系書とに区分され，前者は教育・学習のためのもの，後者は実務（あるいは研究）のためのものであると考えられている。「教科書」として書かれている本シリーズは，もっぱら教育・学習の支援のためのものであり，実務の要請に応えるような詳細な議論を含まない。

　もっとも，一口に「教科書」と言ってみても，その内容は法学教育（法学学習）の目的に応じて多種多様でありうる。一方で，法を外的な観点から観察しようとする研究者を養成するためには，法を現象として理解し批判するための視点・技法・素材を提示する必要があるだろう。他方，内的な観点に立って法の運用に携わる法曹を養成するためには，技能として法の体得が不可欠であると言える。

　将来の専門家（研究者，法曹）をめざす人々の教育は，大学院で，あるいは司法研修所で行われるが，法学部もこれらの人々の基礎教育を担っている。同時に，法学部には，狭い意味での専門家になるのではない多くの人々が在学している。これらの人々は，法と関連のある職業につくこともあるが，そうでないことも多い。法学部は，このような人々の一般教育の責任も負っている。

　それゆえ，「法学部」における法学教育は，基礎教育と一般教育の両面を兼ね備えたものでなければならない。私はこれを「共通教育」と呼びたい。共通教育において重要なのは，法学部で専門的に法を学ぶ者すべてに必要な「共通教養」の形成であると言える。『基本民法』シリーズが，伝達したいもの・習得を呼びかけているものは，このような「法学習者の共通教養としての民法」である（それは一般的な「教養」とは異なる）。

　2　では，ここでいう「共通教養」とは具体的には何であろうか。私は，「実定民法の体系的理解」であると考えている。それは，民法の規範の全体像を一定の精度で把握し，それが内包する考え方に共感するということである。別の言い方をするならば，学習者が民法の規範を「構造化」し「内面化」するのを援助するのが，「共通教育」の任務であるとも言えるだろう。

　「内面化」と「構造化」とは相互に密接な関連を有する。内面化によって構造化が

促進される，逆に，構造化が内面化を補助するという関係にあると言ってよい。実際のところ，意識的な教科書としてはパイオニア的な存在であると言ってよい鈴木禄弥教授の教科書（1964年の『物権法講義』，68年の『相続法講義』に始まり，1980〜88年の『債権法講義』『民法総則講義』『親族法講義』により完結）は，この双方の目的に配慮した優れたものであった。その後にも優れた教科書は少なくないが，制度趣旨や利益考量を重視する星野英一教授の『民法概論』シリーズ（1971〜78年）は内面化の側面に，斬新な体系的再編をはかる北川善太郎教授の『民法講要』シリーズ（1993〜94年）は構造化に，とりわけ意を用いたものであると言えるだろう。

　新時代の教科書として大いなる成功をおさめた内田貴教授の『民法』（1994年〜）は，これらの営みの延長線上に位置づけることができる。そこでもまた内面化・構造化の試みが展開されている。しかし内田『民法』にはさらなる革新が認められる。ビジュアルな紙面構成も印象的であったが，昨今では色刷り・図表は珍しくなくなった。類書と一線を画するのは，学習者の視点に立った段階的な展開と厚い叙述にあると言うべきだろう。この手法によって，高いレベルで内面化・構造化の連結が達成されているのである。

　厚い叙述や立ち入った議論の展開は，内田『民法』の独擅場であり，現時点において新たな書物をつけ加える意義は見出しがたい。内田『民法』の7割程度の紙幅で構成されている本シリーズにおいては，あまり細かな議論には立ち入らずに，制度の趣旨や位置づけなど基本部分の説明に重点を置いた。本シリーズがめざすのは，全体の見通しをよくし相互の関連をつけるということである。「全体の見通しは部分の理解を助ける」というのが本シリーズの掲げるスローガンである。民法の規範の内面化・構造化への第一のルートは内田『民法』によって切り開かれた。本シリーズは第二のルートを試みるものである。その成否は読者の判断に委ねられるが，もし第二のルートが切り開かれるならば，「民法」という巨大な山塊に挑む可能性は増すはずである。山頂に至るという目標は同じであるが，ルートによって乗り越えるべき困難は同一ではないし，途中に広がる風景もまた異なることだろう（なお，本書とほぼ同時期に公刊される山本敬三教授の教科書シリーズは，その発想において本書と共通のものを含むと思われるが，そのスタイルは本書とはかなり異なる。そこにもまた別のルートが開かれつつある）。

　3　ここで，民法と民法学ということに一言触れておきたい。本シリーズが対象とするのは「民法」であるが，ここで言う民法とはいったい何だろうか。民法にはいくつかの側面があるが，本シリーズが扱うのが「実定民法」であることは，先に述べた通りである。そうだとすると，現在において妥当する規範としての民法，すなわち，民法典とそれに附属する特別法そして判例（「法源」と呼ばれる）がそれであるという

ことになるだろう。

　では，学説はどうだろうか。私は，いわゆる「学説」を大きく二つに分けて考えたい。一つは，個々の解釈上の問題に関する学者の考え方である（「ミクロの解釈論」あるいは「意見としての学説」と呼ぶこともできる）。法律や確定判例により直ちに明瞭な結論を導くことができない問題に関する学者の見解は，実務に携わる者にとっては有益な発想源であろう。しかし，教育・学習の支援を目的とする本シリーズにとっては，細かな解釈問題のそれぞれにつき存在する様々な意見を紹介し論評を加える必要は乏しい。一方で，全体像を構成するために必要な限度で，広く共通に承認されている考え方を，他方，基本的な原理を展開させる際の可能性を示すものとして，いくつかの代表的な考え方を，それぞれ紹介すれば足りるのである。もう一つは，ルールや制度の総体に対する学者の考え方である（「マクロの解釈論」あるいは「枠組としての学説」と呼ぶことができる）。「実定民法の体系的理解」という共通教育の目的からすると，こちらを重視すべきであるというのが本シリーズの立場である。

　これまで，後者のような解釈論あるいは学説は，それ自体としてはあまり重視されてこなかったように見受けられる。しかし，われわれが「民法」として意識しているのは，民法典や判例そのものではなく，教科書や体系書によって語られた「民法」であると言うべきだろう。われわれの「民法」像は，その深層において教科書や体系書の枠組により規定されているのである。そうだとすれば，「民法学」のこのような営みを軽視すべきではない。少なくとも，私自身は，「法技術（technique）そのものではなくそれを支える考え方（technologie）へ」向かう民法学を目指している。

　なお，本シリーズはあくまでも共通教育のための教科書である。そのため，様々な事例にルールを適用する「感覚」や歴史や比較法を援用しつつ現行法を批判的に検討する「見識」を養うという観点からは十分なものとは言えないが，このことは，これらの側面に重点を置いた法学教育の重要性を否定するものではない。本シリーズの枠内でも，各巻の末尾に配した「民法学習で大事なこと」と題する項において，本シリーズでは必ずしも十分に取り入れられてはいない重要な視点についての注意を促している。そこで指摘した諸点に留意するならば，共通教養としての民法の学習も一層深まるに違いない。

　4　本シリーズは，直接には，東京大学法学部において私の講義を聴講する学生諸君の学習を支援するために書かれている（2001年度以降の講義では，諸制度につき概括的な説明をするにとどめて，いくつかのテーマを選んでより立ち入った検討を行う予定である。私の講義との関連で言えば，このようなスタイルの講義を可能にするために，本書を公刊することにした）。本シリーズの原型もまた同学部における私の講義ノートである。そのため，本シリーズの各巻は同学部における民法の講義区分，すなわち，第1

部＝総則・物権総論，第2部＝債権各論（用益物権を含む），第3部＝債権総論・担保物権に対応している。

　1963年から行われているこの編成がいかなる理由によって採用されたのかはつまびらかではないが，おそらくは次のような考慮に基づくものと思われる。①民法典の編別にこだわらず，教育効果の観点から再編成を行う。しかし，②民法典の編別をあまり大きく崩すことは避けたい。さらに，③四つ（上記の第1部〜第3部に，第4部＝親族・相続が加わる）の講義に配分される内容の分量はほぼ同量でなければならない。

　これらの要請に，上記の編成はかなりの程度まで応えているように思う。そのポイントは，債権総論と各論の順序を入れ替える，債権総論と担保物権を一緒に講義するという2点にあるが，そこには，具体性・機能性の重視という視点を見てとることができる。もっとも，反面で，財産法部分の三つの講義それぞれの性格がやや不分明になっているように思われる。しかし，この点についても，次のような説明が可能であると言えるだろう。すなわち，人・物・法律行為という基本概念を扱う第1部は「権利の要素」に関するものとして，契約・不法行為など債権の発生原因を扱う第2部は「権利の成立」に関するものとして，そして，成立した権利の実現過程や確保手段を扱う第3部は「権利の実現」に関するものとして，それぞれ総括することができると思われるのである。

　以上のように，民法典の編別を崩した再構成を行うことは，直ちにその価値を全面的に否定することを意味するわけではない。民法典の編別（とりわけ各レベルでの「総則」）の意義と限界については，十分な検討を要するだろう。私も民法総則につき，本書とは別に，より立ち入った検討を行うことを予定している。

　5　〔略〕

　6　本シリーズは，民法のうち「財産法」部分を対象とするものであり，「家族法」（相続法を含む）部分にはいまのところ及ぶ予定はない。第4編親族の部分については『家族法』（1999年）をすでに執筆しているというのが主たる理由である。『家族法』もまた「実定民法の体系的理解」を基本に執筆したが，それ以外の視点（法を通して個人・社会・国家のあり方を考える，民法を他の法律や他の規範との関係でとらえる，など）もかなり加味してある。そのために先端的な問題もとりあげている。対象の性質からして，そのようなアプローチが望ましいと考えたためである。教育・学習に際しても，財産法との共通点に留意する必要はあるものの，家族法の独自性にも相応の配慮が必要であると考えている（この点は，民法の財産法部分と交錯する形で存在する消費者法についても同様であり，そのような観点から『消費者法』〔1998年〕を書いた）。

　結果として，相続法の部分に欠落が生ずることになるが，正直に言って，この難しい法領域にどのようにアプローチすればよいのか，今のところ私には定見がない。も

う少し検討をした上で，いずれ何らかの形で概説書を公刊できればと考えている。

　7　本シリーズの構想を固めるにあたっては，前述のいくつかの教科書シリーズから多くの示唆を得ているが，体系書に属する以下の書物からも学ぶところも多かった。一つは，原理に貫かれた体系を指向する広中俊雄教授の『債権各論講義』(1961年〜)であり，もう一つは，自明に見える制度趣旨の説明に意を用いた道垣内弘人教授の『担保物権法』(1990年)である。

　そのほかに，裁判例の事案や制度の変遷の社会的背景につき委曲を尽くして語りかける米倉明教授の『民法講義総則 (1)』(1984年)，歴史的・比較法的な考察を基礎にすえた平井宜雄教授の『債権総論』『債権各論』(1985年〜)からも少なからぬ刺激を受けた。前述のような理由により，本シリーズにおいてはこれらの視点は必ずしも前面には出てこないが，巻ごとに異なる方式で，少しずつではあるがこれらの視点をも加えている。

　さらに，叙述を進めるにあたっては，潮見佳男教授の『債権総論』『不法行為』(1994年〜)から，新しい問題を見い出してこれを論ずる姿勢を，能見善久教授による四宮和夫『民法総則』(初版，1972年)の第5版(1999年)からは，伝統的な理論と新しい考え方のバランスのとり方を，加藤雅信教授の『事務管理・不当利得』(1999年)からは，自己の研究の教科書への反映のさせ方を，それぞれ学んだ。本シリーズでも，可能な範囲で，新たな視点の提示や研究の最前線(私自身のささやかな研究も含めて)の紹介に意を用いている。

　なお，できるだけ平易な叙述をと心がけたつもりだが，その際に，清新なスタイルを持った『法学セミナー』誌上の一連の連載(池田真朗・山野目章夫・沖野眞已各教授によるもの。前二者は今日では，『スタートライン債権法』『初歩から始める物権法』として公刊されている)などを参考にしたことも付言しておこう。

　もちろん，内容についても，上記の，そして上記以外の教科書・体系書(主なものは各巻の「はじめに」に掲げた)を含む多くの先学の研究成果に負うことは言うまでもない。教科書としての性質に鑑みて詳細な引用は行っていないが，この場を借りてご海容を乞うとともに感謝の意を表させていただく。

　8　〔略〕

2001年3月

大村敦志

付記 (2014年10月)

　初版執筆にあたっては，何人かの方々にモニターとして試読をお願いし，有益なコメントをいただいた。当時，学生であった方々の中からは，少なからぬ数の研究者が

現れた。私が把握している限りでも，藤田貴宏（獨協大学），大澤彩（法政大学），小林和子（筑波大学），坂口甲（大阪市立大学），中原太郎（東北大学），竹中悟人（学習院大学），大島梨沙（新潟大学），木村敦子（京都大学）の各氏がおられる。また，その他の方々を見ても，裁判官や弁護士になった方が多い。いまは次世代を担う若き同僚となられた方々に改めてお礼を申し上げるとともに，優秀な学生を推薦して下さった各地の同僚諸教授にも重ねてお礼を申し上げる。

x

目　次

■ 略 目 次

MAIN QUESTION 対応版

■ 細 目 次

■ 略語について

(1) 法 令

　民法については，文脈上明確にすることが必要な場合を除き，条・項・号のみで表記した。その他の法令名については，有斐閣『六法全書』の「法令略語」によった。

(2) 判 例

　下記のように略し，末尾に，『民法判例百選II〔第8版〕』（有斐閣，2018），と，『民法判例集 債権各論〔第4版〕』（有斐閣，2020）の事件番号を付した。

例　最判平8・11・12民集50-10-2673［44］〈28〉
　　　＝最高裁判所平成8年11月12日判決，最高裁判所民事判例集50巻10号2673頁所収。［44］は，『民法判例百選II〔第8版〕』の44事件，〈28〉は，『民法判例集 債権各論〔第4版〕』の28事件を表す。

最　判（決）　　最高裁判所判決（決定）
最大判（決）　　最高裁判所大法廷判決（決定）
大　判（決）　　大審院判決（決定）
大連判（決）　　大審院連合部判決（決定）
高　判（決）　　高等裁判所判決（決定）
地　判（決）　　地方裁判所判決（決定）

〈判例集〉
民　　集　　大審院民事判例集，最高裁判所民事判例集
民　　録　　大審院民事判決録
新　　聞　　法律新聞
判　　時　　判例時報
判　　タ　　判例タイムズ

※カタカナ書きの条文・判決文については，ひらがな書きにして引用した。

(3) 文　献

以下のものは，略称（**太字**）で引用する。

〈本シリーズ姉妹編〉

もうひとつ　　　もうひとつの基本民法Ⅰ・Ⅱ（有斐閣，Ⅰ：2005，Ⅱ：2007）

　　　　　　　　　　Ⅰ-1　＝　ⅠのUNIT 1 を示す。

みかた　　　　　民法のみかた──『基本民法』サブノート（有斐閣，2010）

　　　　　　　　　　1-1　＝　Image 1-1 を示す。

〈概説書〉

内　田　　　内田貴・民法Ⅱ 債権各論（東京大学出版会，第3版，2011）

梅　　　　　梅謙次郎・民法要義巻之三 債権編（有斐閣，復刻版，2001，初版，1898）

加　藤　　　加藤雅信・新民法体系Ⅳ 契約法（有斐閣，2007）

北　川　　　北川善太郎・民法講要Ⅳ 債権各論（有斐閣，第3版，2003）

潮　見　　　潮見佳男・契約各論Ⅰ（信山社，2002）

鈴　木　　　鈴木禄弥・債権法講義（創文社，四訂版，2001）

広　中　　　広中俊雄・債権各論講義（有斐閣，第6版，1994）

星　野　　　星野英一・民法概論Ⅳ 契約（良書普及会，改訂版，1994）

山　本　　　山本敬三・民法講義Ⅳ-1 契約（有斐閣，2005）

〈講　座〉

民法典の百年　　　広中俊雄＝星野英一編・民法典の百年（全4巻，有斐閣，1998）

民法講座　　　　　星野英一編集代表・民法講座（全9巻，有斐閣，1984～1990）

■ は じ め に

◆ 本書の対象

本書『新基本民法5 契約編』は，民法典の編別に即して言えば，「第3編債権」のうちの「第2章契約」を対象としている。ただし，本書の編成は，民法典の編別には従っていない。編成の視点については後に述べることとして（⇒**総論**），ここでは本書が，対象となる「第3編第2章契約」を「**各種契約の法**」として把握しようとしていることを述べるにとどめる。従来，この部分は「契約法」あるいは「契約総則・各則」と呼ばれてきたが，後に述べるように（⇒**総論**），実質的な意味での「契約法」は，この部分を超えて債権総則・民法総則に及んでいる。そこで本書では，「契約法」というミスリーディングな呼称を避ける一方で，契約類型に着目してこの部分を理解するように努めたい。

なお，本書は民法典の順序に従って進むわけではないので，民法典との関係で本書がカバーする範囲を明示し，あわせて叙述の順序に関するイメージも提供するために，5頁以下に二つの図表（対照表と内容関連図）を掲げておくので，随時，参照していただきたい。また，債権法改正については，7頁以下の付記・付表に，必要な注意事項をまとめておいた。

◆ 本書の使い方

もともと講義ノートに由来する本書は，それぞれがほぼ同じ分量の13の「ユニット（UNIT）」で構成されている。各 UNIT の内容が一覧できるように，それぞれの冒頭に目次を改めて掲げてある。独習に際しては，この UNIT を単位に読んでいくとよいだろう。また，新シリーズにおいては，各 UNIT の冒頭に，副題として当該 UNIT を総括する問い（**MAIN QUESTION**）を掲げたので，この問いを意識しながら読み進めれば，話の筋をたどりやすいだろう。

本書を読むに際しては，**六法**（法令集）と**判例教材**を常に手元に置いて参照してほしい。各 UNIT の冒頭には参照条文を指示してあるので，条文を一読した上で本文に進むとよい（そのうち主なものは条文自体を掲げた。ただし，カタカナ書きの旧規定等はひらがな書きにし，濁点・句読点を補ってある。本文中での条文や判決文の引用についても同様である。なお，条数が 網かけ になっている条

文は債権法改正による改正条文である）。本文を読むに際しても，条文が引用されるたびに六法にあたる必要がある。なお，本文中の判例に付した［1］，〈1〉などは，それぞれ『民法判例百選Ⅱ〔第8版〕』，『民法判例集 債権各論〔第3版〕』（有斐閣）の事件番号を示している。前者は最も一般的な判例教材であり，後者は私が講義の際に用いている判例教材なので，読者の参照の便宜のために事件番号を掲げた。本書中では，判例の事案を必ずしも十分には紹介していないので，ぜひ判例教材にあたっていただきたい。

本文中の**小さい活字の部分**は，講義では省略していた部分，あるいは講義では補足的・追加的に言及した部分である。相対的には重要度が低いが，必要に応じて参照するとよいだろう。ただし，債権法改正に関するコラムには目を通してほしい。注は，①民法以外の条文・判例（ただし，借地借家法など重要な特別法は本文中に組み込んである），②本文で特に言及・依拠している論文および判例・学説を総合的に検討する助けになる論文，③制度趣旨につき特色ある説明をしている教科書類の引用にあてられている（略語については細目次の後に掲げた「略語について」を参照）。

各 UNIT の末尾には，本文中の重要な文（**KEY SENTENCES**──本文中では色字。本書のメッセージをなすもの）と用語（**TECHNICAL TERMS**──本文中では太字。必ずしも専門用語には限らない）をまとめて掲げたので，復習の際の手がかりとしていただけると思う。また，読書案内（**REFERENCES**）としてあげたのは，各制度についての基本的な研究である（原則として単行本に限っている）。これらの多くが行っている制度理解の新たな試みこそが，学説の本来の任務であると思う。一つでも二つでも，興味のあるものを読んでみてほしい。諸研究の概略を知るためには，『民法学説百年史』（三省堂）が便利である。

巻末には，条文索引・判例索引のほかに，やや詳しい事項索引をつけた。民法典の順序に従っていない上に，特定の規定・制度に関する叙述が各所に分散している本シリーズを，規定ごと・制度ごとの理解という観点から読み直すためのツールとして利用していただければと思う。

さらに，本シリーズの姉妹編として，『もうひとつの基本民法Ⅰ・Ⅱ』（有斐閣）と『民法のみかた──『基本民法』サブノート』（有斐閣）がある。前

者は，本書での学習を終えた後に，個別テーマにつき一歩進んだ検討を行うために，後者は，本書での学習を始める前に民法の全体像をとらえるために，利用していただくことができるだろう。なお，本書中でも各 UNIT に関連する部分をリファーしている。具体的には，参照条文とあわせて『もうひとつⅠ-1』『みかた 1-1』(『もうひとつの基本民法Ⅰ』UNIT 1，『民法のみかた』Image 1-1 を示す) という形で引用している。

◆ **本書による学習
の後で**

ここで，より進んだ学習のための文献・教材についても一言しておこう (なお，以下であげる文献については，出版社や刊行年は図書館などで容易に検索できるから，ここでは省略する)。

まず，民法典の**条文の変遷**を知るには，前田達明編『史料民法典』がある。

次に，民法典の**起草者の意図**を知るためには，梅謙次郎『民法要義巻之三 債権編』(復刻版もあるので，図書館で探してみよう) が有益である。なお，もう一人の起草者・富井政章も『民法原論』を残しているが，その「第三巻債権編」は上巻のみが刊行されており，契約以下の部分をカバーしていない。我妻栄『債権各論 (民法講義Ⅴ)』(4 分冊中の前 3 冊が契約を扱う) は，古典的な見解 (多くの場合に通説) としてしばしば参照される。来栖三郎『契約法』も，今日では古典になったと言えよう。初版の「はしがき」にも掲げた広中俊雄『債権各論講義』，平井宜雄『債権各論Ⅰ上 契約総論』，加藤雅信『新民法大系Ⅳ 契約法』，潮見佳男『契約各論Ⅰ』にも，もう一度ふれておこう。最初の 2 冊は，かつて，私が講義の際に用いた教科書であり，本書も大きな影響を受けている。

より新しい**概説書**としては，山本敬三『民法講義Ⅳ-1 契約』があるほか，民法全体 (あるいはその大部分) をカバーするものの一環として，内田貴『民法Ⅱ 債権各論』があることを重ねて述べておく。オーソドックスなスタイルのものとしては，ほかに，三宅正男『契約法』，石田穣『民法Ⅴ 契約法』，近江幸治『民法講義Ⅴ 契約法』，平野裕之『契約法』，笠井修＝片山直也『債権各論Ⅰ 契約・事務管理・不当利得』などがある。これらを本書と対比すれば，民法をより立体的に理解することができるだろう。

債権法改正については多くの解説書が刊行されているが，ここでは大村敦

志＝道垣内弘人編『解説・民法（債権法）改正のポイント』を挙げておく（より平易なものとして，山本敬三『民法の基礎から学ぶ民法改正』，より高度なものとして，森田修「『債権法改正』の文脈」法学教室 427 号〜462 号〔2016〜2019〕がある。また，立法準備段階のものだが，森田宏樹『債権法改正を深める』も興味深い）。

　逐条の解説を行う**コンメンタール**としては，『注釈民法』『新版注釈民法』がある（新注釈民法も刊行中）。個別の解釈問題につき詳しく知りたいときには，チェックしてみよう。なお，契約法・不法行為法に関しては，「**講座もの**」と呼ばれるシリーズも充実している（『契約法大系』『現代契約法大系』など）。

　学生向きの**演習書**としては，『民法解釈ゼミナール』（全 5 巻の予定）があるが，債権各論の部分は未刊である。また，学生向きの法律雑誌『法学教室』には，制度ごとの（あるいは制度を横断した）すぐれた解説論文が掲載されることが多い。

　なお，ゼミで小論文を書く，あるいは，卒業論文を書くという人には，学部学生にはやや高度だが，大村敦志＝道垣内弘人＝森田宏樹＝山本敬三『民法研究ハンドブック』が参考になるはずである。

■ 対 照 表

（民法典の編別）	（本書の章立て）
第2編 物 権	
第4章 地 上 権（265条〜269条の2）	⇒ 2-1
第5章 永小作権（270条〜279条）	⇒ 2-1
第3編 債 権	
第2章 契 約	
第1節 総 則（521条〜548条〔の4〕）	
第1款 契約の成立	⇒ 序
第2款 契約の効力	⇒ 1-1, 5
〔第3款 契約上の地位の移転〕	⇒ 債権編
第4款 契約の解除	⇒ 1-2
〔第5款 定型約款〕	⇒ 1-1
第2節 贈 与（549条〜554条）	⇒ 4
第3節 売 買（555条〜585条）	
第1款 総 則	⇒ 総
第2款 売買の効力	⇒ 1-1
第3款 買 戻 し	⇒ 担保編
第4節 交 換（586条）	⇒ 1-3
第5節 消費貸借（587条〜592条）	⇒ 2-2
第6節 使用貸借（593条〜600条）	⇒ 4
第7節 賃 貸 借（601条〜622条〔の2〕）	⇒ 2-1
第8節 雇 用（623条〜631条）	⇒ 2-3
第9節 請 負（632条〜642条）	⇒ 2-3
第10節 委 任（643条〜656条）	⇒ 2-3
第11節 寄 託（657条〜666条）	⇒ 2-3
第12節 組 合（667条〜688条）	⇒ 3
第13節 終身定期金（689条〜694条）	⇒ 5
第14節 和 解（695条・696条）	⇒ 1-3

＊「1-1」は，本書の「第1章第1節」を表し，「総」「序」「補」はそれぞれ「総論」「序章」「補論」を表す。〔 〕は債権法改正により新設。

■ 　内容関連図 I ──各巻の関連

1 権利中心の見方（旧シリーズ。親族・相続を含まない）

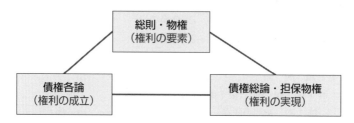

2 人中心の見方（新シリーズ。親族・相続を含む）

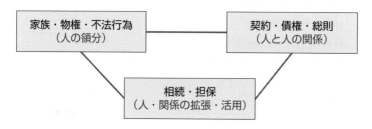

■ 　内容関連図 II ──本巻の内容

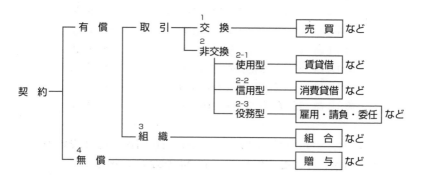

■ 付　記——債権法改正について

　1　いわゆる債権法改正とは，民法の債権関係部分（債権編から事務管理・不当利得・不法行為を除き，総則編の法律行為・消滅時効の部分を加えた部分＝実質的な意味での契約法に相当する部分）に関する改正を指す。適切か否かは別にして，この呼称は広く用いられているので，本シリーズにおいても，この改正作業の全体を指して「債権法改正」と呼ぶことにする。

　法制審議会民法（債権関係）部会は，2009年11月から審議を開始し，2013年2月の「中間試案」，2014年8月の「要綱仮案」を経て，2015年2月には要綱案の決定に至った。法制審議会の答申を受けて，政府が同年3月，国会に提出した法案は，安保関連法案をめぐる混乱などもあって直ちには成立には至らなかったものの，2017年5月に可決成立した。その後，新法は2020年4月1日施行とされた。

　本シリーズのうち債権法改正と直接に関連する3冊（契約編・債権編・総則編）の初版刊行時（2016年7月〜2017年4月）には，新法はまだ法案の段階にとどまっていた。また，第2版刊行時（2019年12月〜）においても成立はしたものの施行には至っていない。この時期に刊行される教科書において新法を前提とした叙述をするのは，時期尚早であるようにも思われる。

　しかしながら，債権法改正の重要性を考えるならば，また，読者がこれからの時代を生きるために民法を学ぶ人々であることを考えるならば，新たに刊行される教科書においては，旧法（2020年3月末までは現行法。以下，同じ）をふまえつつ，これからの民法の姿を示す新法の内容を説明するという姿勢が望ましい。こうした観点に立ち本シリーズ（特に，契約編・債権編・総則編）においては，新法成立・施行以前においても，新法（成立前は法案）の内容をふまえた検討を行うこととする。

　2　その結果として，次の二つの取扱いをしていることを予め述べておきたい。

　第一に，形式的なことがらであるが，本シリーズ（特に，契約編・債権編・

総則編）における法律や条文の引用の仕方について。改正法案の段階の初版では「法案」と呼んでいたが，改正法が成立した後の第2版ではこれを「新法」と呼ぶ。新しい条文の引用にあたっては「新○○条」とし（文脈から明らかなときは単に「○○条」とすることもある），これとの対比で旧法を引用するときに「旧××条」と表記する。なお，債権法改正において実質的な修正のなされていない条文については，従来通り「民△△条」とする。いずれにしても，しばらくは旧法と新法との双方を参照することが必要なので，学習に際しては旧法（少なくとも，その重要な部分）を収録した六法などを手元に置いてほしい。

　第二に，より実質的なことがらになるが，新法解釈の方法について。新法に関する解釈論は，これから様々な形で展開されていくことになるだろう。本シリーズは細かな解釈論には立ち入らないことを原則としているが，それでも解釈論に言及することがないわけではない。その場合には，債権法改正の立法過程を重視した解釈論を展開するように心がける。とりわけ，中間試案から要綱案に至る過程で削除された諸提案のうち，解釈論として活かしうるものを拾い上げる努力をしたい。

　3　著者が試みる解釈論を支える理論的・実践的な理由については，別に論じるので[1]，詳しくはそちらを参照していただきたい。ここでは，解釈論も立法論も「制度の進化」を念頭においてなされるべきではないか——今日，採用されなかった立法論が，明日，解釈論に結びつくことは十分にありうるだろう——という結論のみを述べておく。このような解釈論のためには，（広い意味での）立法過程の分析が必須である。本文中で実現しなかった立法提案に言及し（小活字の補足項目を立てた場合には項目名に「Unbuilt」という付記をし，項目を立てずに言及する場合には文末に「Ⓤ」という記号を振ってある[2]），参

---

1) 大村敦志「債権法改正以後の解釈論・立法論」安永正昭＝鎌田薫＝能見善久監修・債権法改正と民法学I 総論・総則（商事法務，2018）を参照。

2) 今後の民法学は，解釈論・立法論の展開を目的とするか否かを問わず，実現しなかった規定を含めて立法過程全体を見渡し，これを可能態として把握していく必要があるが（「Unbuilt」の民法学。「Unbuilt」には，設計図だけにとどまり実現しなかっ

考文献欄に，実現しなかった立法提案を知るための資料を掲げたのも，その
ためである。

4　債権法改正に対応するために行った細かな加除修正はかなりの分量に
達するが，全体の編成や各制度に関する基本的な理解に関しては，本シリー
ズにおいても，基本的には旧シリーズと変わらない。編成については，結局，
抜本的な変更がなされなかったため旧シリーズの構想を大きく改める必要を
感じなかった。また，各制度について実現された改正について言えば，判
例・通説を明文化したものはもちろん，今回の改正によって従来の考え方が
改められたと評されているものについても，実は，必ずしも適切ではなかっ
た従前の制度理解が改められたにすぎないものが多い。

5　もっとも，だからといって，債権法改正は無意味であるということに
はならない。改正の意義を正確に理解するには，最終的に実現したもの・途
中で検討されたものの双方を視野に収めなければならないことは，すでに述
べた通りである。こうした観点に立つならば，債権法（実質的な意味での契約
法）の全体が見直されて，改正の可能性が検討されたことの意味は大きい。
債権法改正は，いま・ここにある実定法を整序するだけでなく，別様の法の
あり方を構想することを促す試みとして受け止められるべきだろう。
　なお，今回の債権法改正の影響を特に取り出して知りたい読者のために，
新たに設けた補足項目のうち債権法改正に関するもの（Unbuilt を含む）の一
覧表を付しておく。

(2020 年 2 月)

た構想が後に影響を与えるという含意がある），「Unbuilt」や「Ⓤ」の表示にはその
ための手がかりを示す意味もある。なお，実現しなかった主要規定に関する検討は，
本シリーズのサブ・シリーズにおいて行う予定である。

■ 付　表——債権法改正に関する補足項目（Unbuiltを含む）

総 論 各種の契約

■ **UNIT 1 各種の契約**——「契約法」はどこにあるのか？

■参照条文■　民法の目次，559 条

I　法律行為法と契約法の関係——本書の対象

1　狭義の契約法と広義の契約法

　本書の対象である民法典第 3 編第 2 章はその表題に従って「契約法」と呼ばれることがある。しかし，「契約法」という言葉を使う場合には，それが何を指しているかに留意する必要がある。一方で，「契約法」という言葉は，民法典の第 3 編第 2 章「契約」の部分を指して用いられることが多いが（形式的意味での契約法，狭義の契約法），他方，より広く，契約にかかわる私法の総体を指すこともある（実質的意味での契約法，広義の契約法）。とりあえずここでは，**消費者契約法・労働契約法**や商法（商行為法）なども含めた最も広い意味での契約法ではなく，民法典の枠内で考えることにすると，広義の契約法は，狭義の契約法に加えて，債権総論の一部（履行強制・損害賠償・弁済な

ど），民法総則の一部（法律行為）などを含むことになる。

広義の契約法 ＝ 狭義の契約法 ＋ α
（第３編第２章契約） （総則・債権総論の一部）

　したがって，これから本書で説明する「契約法」は，広義の契約法のすべてではないということに注意する必要がある。もちろん，狭義の契約法は，広義の契約法の重要部分を占めてはいるが，そのすべてではないのである。

② 契約の成立・効力・解除

　それでは，狭義の契約法（民法第３編第２章契約）の部分には何が定められており，何が定められていないのだろうか。

　これも非常におおまかに言えば，狭義の契約法に定められているのは，契約の成立・効力・解除に関することがらであると言うことができるだろう。逆に何が定められていないかというと，契約の有効性に関することがらや契約の履行・不履行に関することがらの多くが定められていない。前者は総則の法律行為のところに（⇒本シリーズ総則編），後者は債権総論に（⇒本シリーズ債権編），それぞれ規定が置かれているのである（**図表 1-1**）[1]。

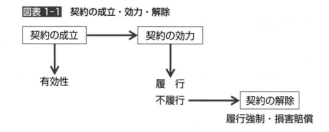

図表 1-1 契約の成立・効力・解除

　1）　不履行の効果である解除と履行強制・損害賠償は，まとめて論じた方が機能的なので，そのような構成を採用する概説書も現れている（北川，潮見両教授のものなど）。本書でも，損害賠償については，必要な範囲で簡単にふれている。

ただし，これもあくまでも一応の話である。たとえば，契約の効力に関する規定の中には当事者の義務内容を定める規定が含まれているが，債務者の行為が不履行にあたるか否かは，この義務内容（どのような義務を負っているか）にかかっている。それゆえ，履行・不履行の問題の一部は狭義の契約法の中で扱われていると考えることもできる。

Ⅱ　契約法の構成と再構成——本書の視点

1　契約総則と契約各則

さて，狭義の契約法（以下，単に「契約法」と呼ぶ）には，契約の成立・効力・解除に関する規定が置かれているとして，これらは，どのように配置されているだろうか。成立・効力・解除という順に規定が置かれているのだろうか。これらの問いに対する答えは半分はイエス，半分はノーである。

ここで本書5頁の「対照表」を見てほしい。左側に示したのが民法典の構成である。第3編第2章契約（「契約法」）は，各種の契約の名前を標題とする第2節〜第14節の部分と，総則と題されている第1節とに分かれている。普通，前者を契約各則，後者を契約総則と呼んでいる（そして，それぞれに関する議論を**契約各論，契約総論**と言う）。

このうち，総則の部分を見ると，その中は，基本的には成立・効力・解除に分けられている（「契約上の地位の移転」と「定型約款」が債権法改正によって新たに付け加えられる）。その意味で，先ほどの問いに対する答えは「半分はイエス」なのである。しかし，ここに置かれた規定は，契約一般に適用される規定であり，個々の契約類型にのみかかわる規定は各則の部分に置かれている。たとえば，売買の成立や効力に固有の規定は，第1節の総則部分ではなく，第3節に置かれているのである。つまり，契約法においては，まず，総則・各則という枠組が優先し，その上で，成立・効力・解除という枠組が働いているわけである。これが「半分はノー」ということの意味である。

　　契約上の地位の移転〔債権法改正〕　　債権法改正においては，契約上の地位の移転に関する規定（新539条の2）は，「契約」に関する規定であるという理由により，民法典の第3編第2章「契約」の第1節「総則」中に新たな款を設けて置かれることになった。しかしながら，契約上の地位の移転については，債権譲渡や債務引受との関連で論じられてきたので，本シリーズではこれらとあわせて債権編において検討する。

2　契約各則の意義——日常生活の中の典型契約

　　それでは，各則はどのように編成されているだろうか。各則部分には，13種類の契約類型に分けて規定が配置されている。この部分に規定が置かれた契約類型を**典型契約**と呼ぶことが多い。典型契約類型は契約法の歴史を集約したものと言うべきであり，これで日常生活に現れる契約類型の大部分はカバーされている。

　　具体的に見ていこう。生きていくためには，衣食住を整えることが必要だが，衣食は基本的には**売買**によって調達される（自給自足も可能だが）。これに対して，住宅の調達はもう少し複雑であり，様々な契約がこれにかかわって現れる（図表1-2）。

図表 1-2　日常生活の中の典型契約

＊X＝「家」がほしい者
＊Y・Z＝「家」につき取引をする者
＊W＝「家」に関わる取引をする者

家を買う・売る（売買）	家探しを頼む（委任）	
借りる・貸す（賃貸借・使用貸借）	家具を預ける（寄託）	家具を運ぶ（運送）
建てるのを頼む（請負）	マンションに一緒に住む（組合）	
＊	隣家との紛争を解決する（和解）	
もらう・与える（贈与）		火事に備える（保険）
換える（交換）		
＊		
資金を稼ぐ（雇用）		
借りる（消費貸借）		

ある人が住宅がほしいという場合，基本は「買う」か「借りる」か「建てる」かのどれかである。すなわち，**売買・賃貸借・請負**という契約類型を用いることになる（タダで「借りる」ことを，賃貸借と区別して**使用貸借**と呼ぶ）。もちろん，「もらう」（**贈与**，さらに，契約ではないが相続も重要）こともあるし，「換える」（**交換**）こともないわけではない。

これらの契約によって住宅を手に入れることが可能だが，この可能性は抽象的な可能性であって，現実には資金がなければ無理なことが多い。そして，資金は（「もらう」のでなければ）「稼ぐ」か「借りる」しかない。すなわち，**雇用・消費貸借**という契約によって調達することになる（もっとも，資産があれば，その運用・売却も考えられる）。

住宅取得に間接的にかかわる契約類型はほかにもある。まず，物件を「探す」ことが必要であるが，これは不動産屋に頼むと便利だ（**委任**）。次に，家を建てるとして，建替えだと家が建つまで荷物をトランクルームなどに預けておく必要がある（**寄託**）。また，マンションならば管理組合が必要になる（**組合**）。さらに，建築に関して近隣との間にトラブルが生じればその処理も必要になる（**和解**）。ほかに，運送や保険も重要な契約だが，これらについては商法典（運送）やその特別法（保険）に定められている。

以上は，日常生活から出発して契約類型を見たものだが，関心のある読者は企業取引から出発して契約類型を整理してみるとよいだろう。

ともあれ，13種の契約類型と日常生活における契約類型とは，ほぼオーバーラップしている（もっとも，**終身定期金**のようにあまり使われない契約類型もある――そもそも終身定期金が独立の契約類型と言えるかも疑問である）。ただし，これらの契約類型にぴったりとはあたらない契約もかなりある。それらは非典型契約と呼ばれている。

本書では，典型契約類型を中心に話を進めるが，非典型契約についても重要なもの（社会的に定着しており，一個の類型となっていると見てよいもの）については，関連する典型契約とあわせて説明をしていく[1]。なお，典型契約・

---

1) 程度の差はあれ，多くの概説書が非典型契約を取り込んでいるが，特に積極的なのは，北川，潮見など（北川は，契約各論部分を「法律類型」「現実類型」に二分し

非典型契約をめぐる理論的な問題もあるが，それについては最後に説明する（⇒**補論**）。

3　契約の分類——契約各則の内外で

　ところで，本書では，契約総則から各則に進むのではなく，各則に定められた契約類型に即して説明をしていく。これは，各種の契約に関する各則規定が置かれている点に，日本の契約法（ドイツ・フランスなどとともに大陸法に属する）の特色があると考えるからである。もっとも，13種の典型契約を順に取り上げるのではなく，そのうちの主なものにつき，ある種のグルーピングをしながら説明していくという方法をとる。一般的なグルーピングとしては，交換型・使用型・役務型・その他という分け方がある。しかし，これにそのまま従うのではなく，これを参考にしつつ，少し違う分け方を用いる。

　ここで本書6頁の「内容関連図Ⅱ」を見てほしい。そこには三つの分類基準を掲げてある。第一に，**有償か無償か**，第二に，**取引か組織か**，第三に，**交換か非交換か**，である。この基準によると，図の右側に書いたように，各種の契約類型はおよそ六つのグループに分類することができるが，その中で，実際上，最も重要な契約類型は，有償＝取引＝交換型の売買である[1]。その他の五つの類型の重要度は様々であるが，いずれも売買の重要度には劣る。

　そこで，以下において，まずは，売買の説明（**第1章**）を行い，続いて，非交換型（**第2章**），組織型（**第3章**），無償型（**第4章**）へと進むことにする。売買の話が多すぎると感じるかもしれないが，売買の重要性は強調しすぎるということはない。たとえば，英米法では，「売買法」が「契約法」（各則を含まない）と肩を並べている。

　もっとも，次の点にも注意してほしい。それは，本書では，契約総則の諸規定の大部分は売買とからめて説明するということである[2]。これには，次

　て，後者を非典型契約にあてている）。
1)　売買などの起源につき，広中23-26頁，45-46頁を参照。
2)　内田23頁以下では，契約総論に売買に関する説明の多くが取り込まれているが，本書では，売買に契約総論を取り込んでいる。なお，鈴木127頁以下では売買に契約総論を，338頁以下では消費貸借に債権総論を組み込んだ説明がなされている。

の二つの理由がある。一つは，総則・各則を分断せずに，売買に関連する規定を一体として説明した方が実質的な説明ができるということ。もう一つは，これには理論的な正統性もあるということ。一方で，契約総則の規定は，売買を念頭に置いて作られているものが多く，売買に最もよくあてはまるのに対して，他方，売買の規定は，他の有償契約への準用を予定されており（民559条），実は契約総則的な位置づけを有しているのである。このような事情を考慮すると，まず，売買法を理解し，その上で，それをモデルとして，他の契約類型について検討するのがよいと思われるのである。

> **売買の中心性と契約各則の再編〔Unbuilt〕**　契約類型としての売買の重要性・中心性に鑑みるならば，契約各則を編成するに際して，売買を首位に置くことが考えられてよい。債権法改正においては，各種契約の配列も検討されたが，法典の編別については現状維持の方針がとられたため，これもまた実現しなかった。

　ところで，契約各則の外にも重要な契約類型が存在しないわけではない。たとえば，消費者契約・労働契約についてはそれぞれ消費者契約法・労働契約法が存在する。今日，これらを除いて「契約法」を語ることは困難である。そこで，本書では「その他の契約」という章を立てて，これらについても一言する（**第5章**）。

　なお，標準的な契約法の教科書を見ると，総則の規定の説明以前に「契約自由の原則」につき説明されていることが多い。「契約自由の原則」は従来は条文に書かれていない基本原則であったが，債権法改正において「契約の成立」に関する原則規定とあわせて明文化されるに至った（新521条・522条）。そこで，本書では冒頭で「契約の成立」とあわせて取り上げることとした（⇒**序章**）。

一般的に行われている契約の分類　本書では本文に述べた観点から典型契約を分類しているが，一般に広く行われている分類は下の表のようなものであるので，参考までに掲げておく（**図表 1-3**）。なお，有償契約（売買・賃貸借など）・無償契約（贈与・使用貸借など）という対比・分類もしばしば用いられる。

図表 1-3 　一般的に行われている契約の分類

交換型	贈与・売買・交換
利用型	消費貸借・使用貸借・賃貸借
役務型	雇用・請負・委任・寄託
その他	組合・終身定期金・和解

MAIN QUESTION

「契約法」はどこにあるのか？

KEY SENTENCES

■狭義の契約法に定められているのは，契約の成立・効力・解除に関することがらである。

■契約法においては，まず，総則・各則という枠組が優先し，その上で，成立・効力・解除という枠組が働いている。

■典型契約類型は契約法の歴史を集約したものと言うべきであり，これで日常生活に現れる契約類型の大部分はカバーされている。

■これらの契約類型にぴったりとはあたらない契約もかなりある。それらは非典型契約と呼ばれている。

■実際上，最も重要な契約類型は，有償＝取引＝交換型の売買である。

■消費者契約・労働契約についてはそれぞれ消費者契約法・労働契約法が存在する。今日，これらを除いて「契約法」を語ることは困難である。

TECHNICAL TERMS

消費者契約法・労働契約法　契約各論・契約総論　典型契約　売買とその他の契約（賃貸借・請負・使用貸借・贈与・交換・雇用・消費貸借・委任・寄託・組合・和解・終身定期金）有償型・無償型　取引型・組織型　交換型・非交換型

REFERENCES

内田貴＝門口正人編集代表・講座・現代の契約法各論１〜３（青林書院，2019）

　（新種の契約を含む）各種の契約につき，実務の観点から現状を整理し，問題点を指摘するもの。続刊予定の総論では，各論をふまえて学説の側からの検討がなされることが予告されている。

序　章　契約の成立

■ UNIT 2　契約の成立──契約はいつ成立するか？

■参照条文■　521条〜528条，555条〜557条

（契約の締結及び内容の自由）

第521条　①　何人も，法令に特別の定めがある場合を除き，契約をするかどうかを自由に決定することができる。

②　契約の当事者は，法令の制限内において，契約の内容を自由に決定することができる。

（契約の成立と方式）

第522条　①　契約は，契約の内容を示してその締結を申し入れる意思表示（以下「申込み」という。）に対して相手方が承諾をしたときに成立する。

②　契約の成立には，法令に特別の定めがある場合を除き，書面の作成その他の方

式を具備することを要しない。

I　契約法の基本原則

　契約交渉に入った当事者は契約を締結する義務を負うわけではない（新521条1項）。しかし，ひとたび契約が成立すれば，当事者は契約内容に従って債務を負う。そして，契約の成立には，当事者の意思表示の合致のみがあれば足り特別な方式を要せず（新522条1項・2項），また，契約の内容は，当事者が自由に決められるのが原則である（新521条2項）。逆に言うと，契約にもとづく債務は契約の成立時点において発生する。それゆえ，契約が，どのようにして，いつ成立するのかは，重要な意味を持つ。

　　契約法の基本原則の宣言　　本文に掲げた考え方は，**契約締結の自由（締約の自由），方式の自由，内容決定の自由**などと呼ばれるが，これらをあわせたものが（締約の自由から相手方選択の自由を独立させることもあるが）**契約自由の原則**と呼ばれる。従来，契約自由の原則は書かれざる基本原則であるとされてきたが，債権法改正においては「契約」（民法典の第3編第2章）の冒頭に「契約の成立」と関連づける形で明文の規定が置かれることとなった。
　　これらとは別に，「契約の拘束力」が契約法の基本原則として掲げられることもある。しかし，この点に関する規定は置かれない。その理由としては次の二点をあげることができる。第一に，現行民法典の体系の下では，契約の拘束力は法律行為の拘束力から導くことができるので，規定を置くならば法律行為の効力に関する規定を置くべきである。第二に，現行民法典においては，各種の契約に関する規定の冒頭に（たとえば，売買ならば555条，賃貸借ならば601条，委任ならば643条に），それぞれの契約の拘束力を基礎づける規定が置かれていると考えることもできるので，改めて規定を置く必要は乏しい。以上の理由づけが十分か否かについては，別に検討する（⇒本シリーズ総則編）。

　　締約の自由と方式の自由　　契約自由の原則については内容決定の自由とその制限が問題とされることが多い。しかし，NHK受信契約における締約強制のメカニズム（最大判平29・12・6民71-10-1817〈4〉）や最近では方式の自由の制限による一方当事者の保護（保証につき，446条第2項，さらに465条の6以

下を参照）など締約の自由や方式の自由とその制限の意味も改めて問われるようになっている[1]。

　そこで以下では，まずこの点について考える（Ⅱ）。ところで，やや複雑な取引では，契約の成立以前に，当事者間で事前の交渉が行われることが多い（図表2-1）。このような交渉段階も視野に入れて考えてみる必要がある（Ⅲ）。

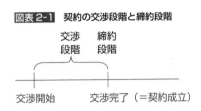

図表 2-1　契約の交渉段階と締約段階

　契約総則中の規定の性質　契約総則中の諸規定の中には，重要性の高いものと必ずしもそうではないもの，一般性の高いものと必ずしもそうではないものが含まれている。たとえば，契約の効力や解除に関する規定は重要性は高いものの，双務契約にしか妥当しないという意味では，契約の成立に関する規定に比べるとその一般性はやや劣る（それゆえ本書では，契約の成立のみを独立させて**序章**で扱い，契約の効力と解除は双務契約の典型である売買に関する**第1章**で扱う）。また，契約の成立に関する規定の中にも，懸賞広告・優等懸賞広告は重要性において劣るし，そもそもこれらが契約と言えるか否かも明らかではない（本シリーズでは，契約以外の債務発生原因という位置づけで不法行為編で取り上げている）。

Ⅱ　締 結 段 階

　とりあえず交渉段階を捨象して，締結段階に絞って考えてみよう。契約の成立には，両当事者の合意（意思表示の合致）が必要である（新522条1項）。ここから，次の二つの問題が出てくる。一つは，「何について」合意が必要

---

　1)　谷江陽介・締約強制の理論——契約自由とその限界（成文堂，2016）がある。

かという問題（合意の対象の問題）であり，もう一つは，「いつ」その合意が
あったことになるのかという問題（合意の過程の問題）である。

1　合意の対象

（1）　中心部分と周辺部分

　契約の成立のためには何に関する合意が必要であるということは，民法典
の各契約類型に関する規定群（売買の節を含めて13の節にまとめられている）の
最初に掲げられた規定（＝定義規定と呼ばれることが多いが，定義をしているのか
どうか疑問があるので，単に冒頭規定と呼んだ方がよい）に示されている。たと
えば，売買については，民法555条がこれにあたる。

　555条によれば，売買がその効力を生じる（成立する）には，一方当事者
（売主）が「財産権の移転」を約束し，他方当事者（買主）が「代金の支払」
を約束すればよい。もちろん，その他のことがらについて，契約でいろいろ
定めることも多いだろうが，ともかく，財産権の移転と代金の支払とが約束
されれば，それは売買契約である。このように言うことには次の二つの意味
がある。一方で，少なくともこれらの点について合意がなければ売買契約が
成立したとは言えないが，他方，これらの点についてさえ合意があれば売買
契約は成立するのである。つまり，555条は，売買契約が成立するのに必要
かつ十分な合意の対象を示しているのである。

　このように，ある契約が成立するために合意が必要なことがらを，その**契
約の中心部分・核心部分**などと呼んでいる（「本質的部分」と呼ばれることもある。
かつては契約の「要素」と呼んでいた）。売買の場合には，移転の対象となる目
的物とそれに対する代金とが核心部分であるということになる。それ以外の
ことがらは，**契約の周辺部分・付随部分**などと呼ばれる（かつては契約の「常
素」「偶素」の二つに分けられていた——常素とは普通は合意されていることがら，
偶素とは特に合意されたことがら）。周辺部分に関しては，合意があれば（ある
と見られれば）それは契約内容の一部となるが，特に合意がなくとも契約の
成立には支障をきたさない。

（2）　契約書の意義[1]

　ところで，555条にはもう一つの含意がある。それは，売買契約の成立に

は，合意のみが必要でありそれ以外のことがらは不要であるということである。新522条2項は方式の自由を宣言しているが，この規定は原則規定であり，例外を認めている。しかし，555条は，売買については特に例外を設けないことを表しているのである。具体的には，契約書の作成，あるいは，目的物や代金の引渡しは成立要件でないということを示している。

　このように合意だけで成立する契約を「**諾成契約**」と呼んでいる。これに対して，契約書の作成を要件とする契約を「**要式契約**」，物の引渡しを要件とする契約を「**要物契約**」と呼ぶ。日本民法典は広く諾成契約を認めているが（だからこそ**方式の自由**が宣言されている），すべて諾成契約であるというわけではない。たとえば，（債権法改正後においてもなお）贈与（および使用貸借・寄託——これらは改正前には要物契約とされていた）・消費貸借は要式・要物の性質を帯びている。詳しくはそれぞれのところで説明するが（⇒UNIT 8，11），さしあたり，整理のために表を掲げておく（図表2-2）。

図表2-2　**民法典における諾成契約・要式契約・要物契約**

諾成契約	贈与*・売買・交換 使用貸借*・賃貸借・雇用 請負・委任・寄託*・組合 終身定期金・和解
要式契約	なし
要物契約	消費貸借**

＊贈与・使用貸借・寄託は要式契約に近い。
＊＊書面でする消費貸借には特則がある。

　それでは，諾成契約である売買の場合には，契約書には全く意味はないかというと，そうでもない。契約書には**証拠**としての意味がある。口約束でも履行がなされてしまえばあまり問題はないが，未履行の場合には，「言った」「言わない」の水掛け論になってしまい，契約の成立を証明するのは難しく

---

1)　北川 19-20 頁参照。

なる。そこで，たとえば，不動産の売買のように，重要な取引については契約書が交わされるのが普通である。しかし，契約書はあくまでも証拠にすぎないので，契約書がなくとも他の証拠（たとえば，証人）によって合意の存在が証明できれば，契約は成立したと言えることになる。

　　周辺部分の取り込み　　もう一つ，契約書には意味がある。先に述べた契約の中心部分——売買の場合には目的物と代金——については，当事者はよく考えて契約を結ぶのが普通であろう。しかし，細かな契約条件については必ずしもそうでない。ところが，印刷された契約書などを使う場合，それに署名がなされていれば，そこに書かれた条項については，仮に一方当事者がよく考えていなくとも，合意がなされたという判断がなされるのが原則である。つまり，契約書は，周辺的な契約条項を契約に取り込む働きをするのである。別の言い方をすると，契約書は当事者の合意の及ぶ範囲を明確化するとも言える（次頁以下に，実際に使用されている売買契約書のサンプルを掲げる。契約の中心部分・周辺部分のそれぞれにつき，どのような定めがなされているのかがわかるだろう）。

2　合意の時点

（1）　隔地者間の契約

　当事者が互いに向き合って，「この物をいくらで売ろう」「よし買おう」と決める場合（「**対話者間の契約**」という）には，合意の時点を問題にする意味はほとんどない。物理的には向き合っていなくとも，同時的にコミュニケーションができる場合（たとえば，電話による場合）には同じである。これに対して，**隔地者間の契約**，すなわちコミュニケーションに時間がかかる場合（たとえば，当事者が異なる場所にいて手紙によって契約する場合）には，その時間差を考慮に入れることが必要になる。交通やコミュニケーションの手段が発達していなかった時代には，これは重要なことであった。実際のところ，契約の成立に関する民法521条以下の規定の多くは，このような状況に対応するための規定なのである。

　具体的な問題について，以下のような例で考えよう（**図表2-3**）。東京の商店主Ａが仙台の食品会社Ｂに対して，1箱1000円の「笹かまぼこ」を100

土 地 売 買 契 約 書

売主　　　　　　と買主　　　　　　とは
末尾表示の土地（以下本物件という。）の売買につき以下のとおり契約を締結する。

（売買の目的）
第1条　　売主はその所有する本物件を買主へ売渡し，買主はこれを買受ける。

（売買代金）
第2条　　本物件の売買代金を金＊＊＊＊＊＊円とする。
　　2.　　第8条による土地の実測面積が末尾表示面積に比し増減した場合，その面積
　　　　　3.30578512平方メートル（1坪）につき金＊＊＊＊円の割合で精算する。

（手付金）
第3条　　買主はこの契約締結と同時に手付金　金＊＊＊＊＊＊＊＊円を売主へ支払う。
　　2.　　手付金には利息をつけない。

（売買代金の支払）
第4条　　買主は第2条の売買代金の全額を平成＊＊年＊＊月＊＊日に売主へ支払う。
　　　　　ただし，前条の手付金を売買代金の一部に充当する。

（所有権の移転）
第5条　　本物件の所有権は前条による売買代金全額の支払と同時に買主へ移転する。

（占有の移転）
第6条　　売主はその責任と負担において前条の所有権移転と同時に本物件を明渡し，
　　　　　その占有を買主へ移転する。

（登記手続）
第7条　　本物件の所有権移転登記申請を第4条の売買代金全額支払と同時に行なう。
　　　　　ただし，買主は登録免許税および登記手続費用を負担する。

（土地の実測）
第8条　　売主は平成＊＊年＊＊月＊＊日までにその責任と負担において資格ある測量
　　　　　士に本物件の実測を行なわせ，その測量図，本物件隣地地主全員の印鑑証明
　　　　　書を添付した境界同意書，ならびに道路境界を証する図書を買主へ交付する
　　　　　とともに，本物件の隣地との境界点に境界石その他の境界標を設置し境界を
　　　　　明示して買主の確認を求める。

（担保責任）

第9条　売主は無瑕疵・無負担の本物件所有権を買主へ移転することを保証し，抵当権・地上権・賃借権その他所有権の妨げとなる権利が存する場合，第7条の所有権移転登記申請時までに一切の妨げを取り除かなければならない。本物件について第三者から異議・苦情の申し出があった場合，売主がこれを引受け解決する。

　　2.　この契約には商法526条の適用はない。

（租税等の負担）

第10条　本物件についての公租公課その他負担金等は宛名名義にかかわらず所有権移転日をもって区分し，その前日までの分を売主が，その日以後の分を買主が負担する。ただし，地価税については，所有権移転日の属する年までの分は売主の負担とし，所有権移転日をもって区分する精算は行なわない。

　　2.　固定資産税・都市計画税の負担の起算日を1月1日とする。

（危険負担）

第11条　この契約締結後所有権移転時までに，天災地変または不可抗力によって本物件の全部または一部が滅失または毀損した場合，売主はその損失を負担し買主は売買代金の減額または原状回復費用を請求できる。

　　2.　前項の滅失または毀損のため買主がこの契約の目的を達することができない場合，買主はこの契約を解除できる。

　　3.　前項によって買主がこの契約を解除した場合，売主は受領済の手付金を買主へ返還する。

（契約違反）

第12条　売主および買主はその相手方がこの契約に違背し期限を定めた履行の催告に応じない場合，この契約を解除できる。

　　2.　前項において売主が違約したときは売主は受領済の手付金を買主へ返還しかつ手付金と同額の違約金を買主へ支払い，買主が違約したときは買主は手付金を違約金として売主に没収されても異議を述べない。

（印紙税の負担）

第13条　売主および買主はそれぞれの保有する契約書分の印紙税を負担する。

（合意管轄）

第14条　この契約について争いが生じた場合，東京地方裁判所を専属管轄裁判所とする。

（協議）

第15条　この契約について疑義が生じた場合，民法その他の法令および不動産取引の慣行に従い売主・買主誠意をもって協議して定める。

　以上契約成立を証するためこの契約書２通を作成し，売主・買主署（記）名捺印のうえ各１通を保有する。

　　令和　　年　　月　　日

　　　　売　　主

　　　　宅地建物取引士

　　　　買　　主

　土　地　の　表　示

　　　　　　　　　　　　　　　　以　下　余　白

箱，手紙で注文する（意思表示・甲）。Bはこれに対してOKの返事を出す（意思表示・乙）という例である。この場合，意思表示・甲を「**申込み**」，乙を「**承諾**」と呼ぶ。合意が成立するというのは，甲乙二つの意思表示（申込みと承諾）が合致するということだが，これに関しては，いくつかの問題がありうる。

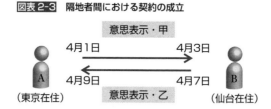

図表 2-3 隔地者間における契約の成立

意思表示・甲
4月1日　　　　　　4月3日

A　　　　　　　　　　　　B

4月9日　　　　　　4月7日
意思表示・乙

（東京在住）　　　　　　（仙台在住）

◆　**申込みについて**　　まず，申込みの効力の発生時であるが，これは到達時（4月3日）である（意思表示の効力に関する原則。民97条1項参照）。したがって，到達前であればAは申込みを撤回することができる（たとえば，普通郵便を出した後に速達や電話，電子メールを用いて）。これでもBは特に困らない。

　いったん，相手方のもとに到達し効力を生ずると，申込みは直ちには撤回できなくなるのが原則である。つまり，申込みは一定期間は拘束力を持つのである。相手方の期待を害さないようにする必要があるからである。具体的には，承諾期間付の申込みの場合には，その申込みはその期間を通じて効力を持ち，期間中に申込者のもとに承諾が到達しなければ失効する（新523条〔旧521条〕）。また，承諾期間なしの申込みの場合には，「承諾の通知を受けるのに相当な期間」は撤回できなくなる（新525条1項〔旧524条〕）。

　撤回と取消し　　「撤回」とは，すでになされた意思表示の効果を将来に向けて消滅させるためになされる意思表示のことである。「取消し」と似ているが，「取消し」をなしうるのは取消原因（詐欺・強迫・制限行為能力）がある場合に限られ，また「取消し」には遡及効がある。現代語化以前には，民法521条や

524条では条文上は「取消」とされていたが，「撤回」に改められた（なお，民法550条についても同様であったが，こちらは債権法改正において「解除」に改められた。⇒UNIT 11 I *I*(1)）。

申込み発信後の申込者死亡・能力喪失　この場合について，新526条（旧525条）を参照。

◆ **承諾について**　次に，承諾の効力発生，すなわち，申込みと承諾の合致＝契約の成立の時点はいつだろうか。単純に民法97条1項を適用するならば，Bの承諾の到達時（4月9日）ということになる。しかし，民法典は元来は，承諾については発信時（4月7日）に効力が生じるという考え方をとっていた（旧526条1項）。

なぜ，このように，承諾についてのみ，到達時に効力が生じるという考え方（**到達主義**と言う）に代えて，発信時に効力が生じるという考え方（**発信主義**と言う）がとられていたのだろうか[1]。これは難問であり，実際のところ，民法典制定時にも起草委員の間で争いがあった。到達主義・発信主義の双方には，いずれもメリット・デメリットがあるが，以前の規定は，Bは承諾を発信したら直ちに履行（笹かまぼこの生産・発送など）に移ることができるというメリット（迅速性の要請）を重視したものとなっていた（ただし，Bには承諾発信後は撤回できないというデメリットもあった）。承諾がなかなか着かない場合にAとしては困るが，これを避けるためには申込みに承諾期間をつけておけばよい。たとえば，「4月8日までに返事されたし」としておけば，4月7日発であっても契約は成立しなかった（旧521条2項。なお，新523条2項も同様の規律を維持）。

しかし，債権法改正においては，承諾に関する発信主義は否定され（新法では，旧526条1項および527条は削除されている），一般の意思表示と同じ到達主義の原則が及ぶこととされた。すでに，「電子消費者契約及び電子承諾通知に関する民法の特例に関する法律」（2001年制定）においては，旧526条1

---

1)　星野31頁参照。

項・527条の適用は除外されていたが[1]，この考え方が承諾一般に及んだことになる。電子承諾通知の例からもわかるように，承諾の到達に要する時間が短くなったことによって，発信か到着かという問題自体の重要性が下がったため，ことさらに例外を設ける必要性が乏しくなったということだろう。

> **延着した承諾・変更を加えた承諾**　これらは，新たな申込みとみなされることがある（新524条〔旧523条〕・民528条）[2]。この場面では，承諾を拒絶して改めて新たな申込みをする手間が省かれている。

以上とは異なり，例外的に，明確な承諾なしに契約が成立するとされる場合があるが（新527条〔旧526条2項〕），これについては，項を改めて述べることにしよう。

(2)　合意によらない契約の成立

上でふれた例外，すなわち，新527条の場合から始めよう。527条が定めるのは，申込者の意思表示または慣行にもとづいて，承諾ではなく，「承諾の意思表示と認めるべき事実」によって，契約が成立するという場合である（**意思実現による契約成立**と呼んでいる）。具体的には，たとえば，申込者から送付された商品を自ら使用し消費した場合などがこれにあたるとされている。なお，申込みに対して商品を送付したという場合（Bが笹かまぼこを送付したという場合）には，その行為はAに対する**黙示の意思表示**として評価されるので，527条を持ち出すまでもないと言われる。実際には，両者の区別は時に微妙である。

このように，民法典はすでに，明示の意思表示（承諾）がなくとも，契約が成立する場合を認めている。しかし，これらの場合には，あくまでも，ある「事実」を承諾の「意思表示」と評価して契約を成立させている。この先にさらに，意思表示なしに契約の成立を認めることが可能かという問題があ

---

1)　電子契約特4条。
2)　民法528条との関係で，アメリカ法のミラー・イメージ・ルールおよびそれにもとづく書式の戦いにつき，内田31-33頁参照。法の欠缺があるが，実際にはあまり問題にならないとしている。

る。「**事実的契約関係**」と呼ばれる問題である[1]。これは，たとえば，自動販売機の利用，バスへの乗車などについて言われる問題である。

このような行為については，次の二つの点が問題になる。①これらの行為には行為能力は不要か（自動販売機でジュースを買ったのが小学生だとしても取消しを認めるのはおかしくないか），②これらの行為自体によって契約は成立するか（自動販売機に意思表示を求めるのはおかしくないか），の二点である。事実的契約関係理論は，①②を同時に肯定するための理論であるが，①②のそれぞれを個別にクリアすることも不可能ではない（①については民法5条により，②については黙示の意思表示があるとする，など。なお，①について補足すると，被後見人についても成年後見制度の整備のための民法改正によって，日常的な少額取引については能力ありとする規定が導入された〔民9条ただし書〕）。

こう考えれば，事実的契約関係理論は不要だとも言えるが，コンピュータの端末による契約が社会的に重要な意義を持つに至っている今日においては，事実的契約関係理論が提示した問題をもう一度見直して，契約の成立に関する見方そのものを再検討することも必要であるように思われる。ここでは，問題提起にとどめる。

Ⅲ 交 渉 段 階

締結段階に先行する交渉段階にかかわる問題に移ろう。具体的には，まず，契約交渉が挫折した場合に生じる責任について検討し，続いて，契約交渉段階において自己の権利確保のために当事者がとりうる手段について考えてみることにしたい。

1 契約交渉の挫折
（1） 交渉段階における自由
契約交渉段階における責任の問題は，最近になって，盛んに議論されてい

---

1) 五十川直行「いわゆる『事実的契約関係理論』について」法学協会雑誌100巻6号（1983）を参照。

るテーマであるが，これについて述べる前に，前提を確認しておく方がよい。それは，契約交渉に関する民法の古典的な考え方である。

　冒頭にも述べたように，契約が成立すれば当事者間には契約にもとづく債務が発生する。このことは，逆に言えば，契約が成立しなければ当事者には何の義務も発生しないということを意味している。つまり，契約成立までは，当事者はいつでも交渉をやめて別のより有利な交渉相手を探すことが許されているのである。これが古典的な考え方であり，当事者には「契約締結の自由」（締約の自由）があると表現されることがある。債権法改正においてこの考え方が明文化（新521条1項）されたことは，本章の冒頭に述べた通りである。この考え方は，取引の内容が単純で交渉にもそれほど時間がかからない時代には，それなりに合理性のあるものであった（今日では，たとえば，デパートでの買物を想像せよ。売子さんにいろいろ勧められるが，「もう少しほかを見てから」などと言って売場を離れることはよくある）。

　しかし，取引が複雑になり交渉に時間や費用がかかるようになると，事情は違ってくる。契約が成立しそうだと思って，時間や費用を投入した当事者の期待を保護する必要が生じてきた。これを受けて，一定の状況の下では，当事者は**誠実交渉義務**（必ずしも一般的な表現ではない。判例は後に述べる別の表現を用いている）を負うという考え方が次第に一般的になりつつあるのである。

　このように，今日では，契約成立に向けての交渉過程が非常に重要なものとなっているのであるが，実は，民法典自身も交渉過程を完全に無視していたわけではなかった。先に見たように，申込みは一定期間これを撤回することができない。ここにすでに，契約成立前の相手方の信頼を保護するという考え方が現れていると言えるのである。

　さらに，民法典には規定がないが，**申込みの誘引**（誘因）という古くから認められている概念にも交渉過程に対する配慮が見られる。申込みの誘引というのは，申込み以前の意思表示と申込みとを区別するための概念であるが，そこには，申込み以前に当事者間に何らかの接触・交渉があるという認識が含まれていると言える。具体例をあげよう。たとえば，ディスカウント・ショップのチラシに「○○社のカメラ，9800円」と出ていたとしよう。もし

これが申込みにあたるとすると，読者の一人がチラシを持ってお店に出かけて，「このカメラをください」と言えば，その時点で契約は成立する（仮に在庫がなくともお店は引渡義務を負うことになる）。しかし，チラシは申込みではない（「申込みの誘引」にすぎない）とすると，「このカメラをください」というのが申込みとなり，お店の方はさらに承諾をするかしないか選択の余地があるということになる。このように，「申込みの誘引」は，あまり早い段階で，当事者を契約に拘束することを避けるための概念であるわけである。

　以上のように，以前から交渉過程に対する配慮がなされていなかったわけではなかった。しかし，交渉過程が正面から問題とされるようになったのは，やはり最近のことである。

(2)　交渉段階における責任

　この問題に対しては，まず，学説が先行し，最近になって判例が現れている。これらを順に見ていこう。

◆　**学説の提案**　　契約交渉段階における当事者の責任にかかわる議論は，ドイツ法に由来する「**契約締結上の過失**」理論に依拠して特殊な契約責任の成立を認めるという形で，まず展開された。この理論の想定する事例は，当初はかなり例外的なものであった。たとえば，軽井沢の別荘の売買を行ったが，契約成立以前にその別荘は火事で燃えてなくなっていたという例があげられ，この場合に債務はもともと履行不能であって契約は成立しないが，この事実を知らずに契約をしたことにつき，売主に過失がある場合には，買主が契約交渉のために支出した費用を賠償する必要があるとされていた[1]。

　原始的不能と契約の無効　　本文で述べた考え方は，契約締結時にすでに目的物が存在しておらず，その履行が不能であった場合（「原始的不能」と呼ばれ，契約後に不能になった「後発的不能」と対比される。**図表 2-4**）には，その契約は，無効である（有効となりえない——契約内容の実現が可能であることは契約の有効要件とされてきた。⇒本シリーズ総則編）という考え方に立つもの

---

1)　我妻栄・債権各論上巻（岩波書店，1954）38 頁以下，星野 51 頁。

であった。今日では，必ずしもこのように考えなければならないわけではない（契約は有効に成立したと考えて，後に述べる後発的不能の場合と同様に取り扱う）という考え方が有力になり，債権法改正においてはこれが明文化された（新412条の2第2項）。

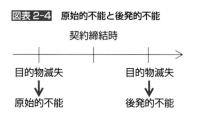

図表2-4　原始的不能と後発的不能

契約締結時

目的物滅失　　　　　　　目的物滅失

原始的不能　　　　　　　後発的不能

　その後，「契約締結上の過失」理論の拡張が説かれるようになり，上の例のような①原始的不能の場合以外に，②契約締結に至らなかった場合（交渉破棄の場合），③不当に契約を成立させた場合（不当勧誘の場合），④契約締結前に相手方に人身損害等を与えた場合，などもこの理論の射程とすべきことが説かれた。

◆　判例の動向　　判例はどうかと言えば，②のパターンにつき，昭和50年代の初め頃からこの問題を扱った判決が下級審で目立つようになった（東京地判昭53・5・29判時925-81〈6〉が代表例）。やがて，最高裁でも判決が現れることとなった。最判昭59・9・18判時1137-51 [3]〈5〉がそれである。この事件は，マンションの購入希望者Y（歯科医）が，売主Xに対して，電気容量に関する問い合わせなどを行い，売主側がこれに応じて容量変更を行ったといった経緯があったが，最終的には売買契約が成立しなかったため，Xが損害賠償請求を行ったというものであった。最高裁は，Yの「**契約準備段階における信義則上の注意義務違反**」を理由とする損害賠償責任を認めた原審を支持して上告を棄却した。

　このように，判例は，契約交渉段階においても，当事者は一定の注意義務を負うという立場をとるに至っている。ただし，この義務違反が，契約責任なのか不法行為責任なのか，いずれでもない第三の責任なのか，については必ずしも明らかではない。下級審を通じて見ると，不法行為責任とするもの

が多く，「契約締結上の過失」理論がそのまま採用されているというわけではない。もう一つ注意すべきことは，責任は無制限に認められるわけではなく，否定例もかなりあるということである。最判昭59・9・18の上告理由も述べているように，契約成立以前には，当事者には交渉離脱の自由があるというのがあくまでも原則である。問題は，どのような段階に達すると責任が生じるのかであり，契約交渉に入っただけで常に責任が生じるわけではない。離脱の自由と締約への期待とのバランスをとるものとして，誠実交渉義務をとらえる必要がある。なお，③のパターンについては，今日では不法行為による処理がなされることが多い（⇒本シリーズ不法行為編。②のパターンに関する前掲東京地判昭53・5・29は信義則上の義務違反を論拠とするめずらしい例。ただし，同時に不法行為にも言及している）。最高裁は，当該情報が提供されていれば契約締結には至らなかったという事案において生ずる責任は不法行為責任であるとしている（最判平23・4・22民65-3-1405［4］〈9〉）。

> **契約交渉段階における責任の明文化〔Unbuilt〕**　　債権法改正においては，契約交渉段階における責任を認める上記のような判例の考え方を明文化することが検討された。すなわち，一方で，契約交渉の不当破棄につき損害賠償を認める規定（中間試案第27の1），他方，情報提供義務違反につき損害賠償を認める規定（同第27の2）が提案された。しかし，明文化により情報提供義務が過度に強調されることを恐れる反対意見もあり，いずれも実現には至らなかった。

② 契約交渉のコントロール

　前の項目の最後に述べた離脱の自由，締約への期待を事前に確保するという方策はないだろうか。実は，民法典はそのような方策をいくつか用意している。予約（民556条），手付（民557条）の二つである。順に見ていこう。

（1）予　約

　民法556条にいう予約の概念は，日常の「予約」の概念（列車やホテルの予約など）とは異なったものである。556条の定める予約は，一方当事者に「売買を完結する」権利を与えるものである。つまり，一方の当事者が意思表示をすれば売買は成立，しなければ不成立となるわけである（ただし，民

556条2項あり）。このような権利を「**予約完結権**」と呼んでいる。この予約完結権を得ておけば，契約の成否を自由に決定することができる。その意味で，この権利には独自の価値があるため，有償で付与されるということもある（**オプション権**などと呼ばれる）。予約は，そのほかに債権の担保のために使われることも多い（⇒本シリーズ担保編）。

　なお，日常の「予約」は，契約法の次元では「本契約」にほかならない。ただし，これには履行期到来前の解約について明示または黙示の特約がついていると考えられることが多い。その意味で，これらの契約の拘束力は一般の契約に比べて低いと言える。そのことが「予約」という言葉になって現れているのであろう。

（2）手　付[1]

　民法557条の定める手付も，実は，契約意識の問題とかかわりを持っている。しかし，まず，「手付」とは何かということから始めよう。「手付」というのは，売買などの契約に際して，一方から他方へ（売買の場合には買主から売主へ）支払われる代金の1割ないし2割ぐらいの金銭のことを指す。その機能は様々であるが，一般には，契約成立の証拠とされる場合（**証約手付**），解除権留保の対価とされる場合（**解約手付**），債務不履行の場合の違約金とされる場合（**違約手付**）などがあると言われている。

　◆　**手付の趣旨の認定**　　ある金銭の授受が手付であること，しかも，どのような趣旨の手付であるかが契約においてはっきり定められていれば，それに従えばよいが，そうではない場合も少なくない。その場合には，①それが手付であるかどうか，また，②どのような趣旨の手付であるかが問題となる。①の問題については金額の多い少ないが決め手となることが多い（代金の半分を払っていれば，手付というよりも債務の一部履行と言うべきだろう）。557条は②の問題に関するものであり，手付は原則として解約手付であるとするものである。具体的には，この場合は，履行の着手までは，買主は手付を放棄して解約が可能，売主は手付の倍額を返して解約が

　1）　吉田豊「手付」民法講座5，横山美夏「民法557条（手附）」民法典の百年Ⅲ。

可能とされている（**手付損・手付倍返し**と呼ばれる。本書 27 頁以下の売買契約書 3
条・12 条 2 項も参照）。

　この規定は任意規定であり，これと異なる趣旨の手付の授受は禁止されて
いないが，ある手付の合意がされたとき，それが 557 条を排除する趣旨であ
るかどうかについては解釈の余地がある。この点に関する判例が最判昭
24・10・4 民集 3-10-437〈36〉である。この判決は，違約手付としての合意
がなされていた事案につき，その手付は同時に解約手付でもありうるという
判断を示したものである。

　この判決については，違約手付は契約の拘束力を強めるが，解約手付は拘
束力を弱めるので，双方の機能をあわせ持つというのは矛盾を含むのではな
いかとの指摘がなされた。しかし，このような手付は，当該合意に，手付
損・手付倍返しで解約は可能であるが，自由に契約をやめることはできない，
という程度の拘束力を与えるものであると考えれば，特に矛盾があると考え
る必要もないだろう[1]。

◆　**履行の着手**

557 条については，もう一つふれておかなければ
ならないことがある。それは解約の限界を画する
履行の着手をどう解するかという問題である。この点について一般論を示し
たのが最大判昭 40・11・24 民集 19-8-2019［48]〈37〉である。この判決は，
履行の着手とは，「客観的に外部から認識し得るような形で履行行為の一部
をなし又は履行の提供をするために欠くことのできない前提行為をした場
合」という命題を提示したのである。なお，この判決はもう一つの問題を含
んでいる。それは，誰の履行の着手がなされたら，解除が不可能になるのか
という問題である。この点については，多数意見（相手方の着手のみ）と少数
意見（自分の着手も含む）で見解が分かれている。

　履行の着手に関しては，さらに細かな判決がいくつか出ている。一つは，
最判平 5・3・16 民集 47-4-3005 であり，この判決は履行期前の代金の口頭
の提供について，履行期の定められた趣旨などを勘案して「履行の着手」に

---

　1)　この問題につき，広中 50-52 頁。なお，内田 116 頁も参照。

あたらないとしたものである。もう一つは，最判平 6・3・22 民集 48-3-859
であり，手付倍返しによる解除には現実の提供が必要であるとしたものであ
る。総じて見ると，判例は，大法廷判決の命題を基礎としつつも，契約交渉
過程における当事者の利益状況を具体的に考慮することが可能な法理を展開
しつつあると言うことができるだろう。

> **口頭の提供と現実の提供**　　債務者は，債務を履行すればもはや債務不履行
> 責任を負わないことは言うまでもないが，それ以前の「弁済の提供」をした段
> 階で，不履行責任を免れる（民 492 条）。「弁済の提供」とは，債務者が債務の
> 履行の準備をして債権者に受領を求めることである。「提供」には程度があり，
> 完全に準備を尽くし，受領さえすれば履行が完了する状態で行われるのが原則
> であるが（現実の提供），例外的に，この程度に至らない準備でもよいとされる
> ことがある（口頭の提供）。より詳しくは本シリーズ債権編で説明する。

MAIN QUESTION

契約はいつ成立するか？

KEY SENTENCES

■契約の成立には，両当事者の合意（意思表示の合致）が必要である。

■売買がその効力を生じる（成立する）には，一方当事者（売主）が「財産権の移転」を約束し，他方当事者（買主）が「代金の支払」を約束すればよい。

■重要な取引については契約書が交わされるのが普通である。しかし，契約書はあくまでも証拠にすぎない。

■コミュニケーションに時間がかかる場合（たとえば，当事者が異なる場所にいて手紙によって契約する場合）には，その時間差を考慮に入れることが必要になる。

■申込みは一定期間は拘束力を持つのである。相手方の期待を害さないようにする必要があるからである。

■取引が複雑になり交渉に時間や費用がかかるようになると，事情は違ってくる。契約が成立しそうだと思って，時間や費用を投入した当事者の期待を保護する必要が生じてきた。

TECHNICAL TERMS

契約締結の自由（締約の自由）・方式の自由・内容決定の自由　契約自由の原則　契約の中心部分・核心部分　契約の周辺部分・付随部分　諾成契約・要式契約・要物契約　方式の自由　証拠　対話者間の契約・隔地者間の契約　申込み・承諾　到達主義・発信主義　意思実現による契約成立　黙示の意思表示　事実的契約関係　誠実交渉義務　申込みの誘引（誘因）　契約締結上の過失　契約準備段階における信義則上の注意義務違反　予約完結権　オプション権　証約手付・解約手付・違約手付　手付損・手付倍返し　履行の着手

REFERENCES

池田清治・契約交渉の破棄とその責任（有斐閣，1997）
滝沢昌彦・契約成立プロセスの研究（有斐閣，2003）

　前者が，契約成立に向けての交渉過程の実態を法理論に取り込もうとするのに対して，後者は，申込みと承諾という基本概念を改めて検討し直すもの。なお，前者と問題意識を共有しつつ，所有権移転の問題との関連を視野に収める

ものとして，横山美夏「不動産売買契約の『成立』と所有権移転(1)(2)」早稲田法学 65 巻 2 号，3 号（1990）が重要。また，後者に関する歴史的な研究として，野田龍一・通信と近代契約法（九州大学出版会，2001）がある。

第 *1* 章　財貨移転型の契約：売買

■ UNIT 3/4　売買の効力——履行の過程をどう理解するか？

■参照条文■　533 条，536 条，558 条，560 条～570 条，572 条～575 条

＊もうひとつⅡ-7　みかた 3-2

（同時履行の抗弁）

第533条 双務契約の当事者の一方は，相手方がその債務の履行（債務の履行に代わる損害賠償の債務の履行を含む。）を提供するまでは，自己の債務の履行を拒むことができる。ただし，相手方の債務が弁済期にないときは，この限りでない。

（債務者の危険負担等）

第536条 ① 当事者双方の責めに帰することができない事由によって債務を履行することができなくなったときは，債権者は，反対給付の履行を拒むことができる。

② 債権者の責めに帰すべき事由によって債務を履行することができなくなったときは，債権者は，反対給付の履行を拒むことができない。この場合において，債務者は，自己の債務を免れたことによって利益を得たときは，これを債権者に償還しなければならない。

（定型約款の合意）

第548条の2 ① 定型取引（ある特定の者が不特定多数の者を相手方として行う取引であって，その内容の全部又は一部が画一的であることがその双方にとって合理的なものをいう。以下同じ。）を行うことの合意（次条において「定型取引合意」という。）をした者は，次に掲げる場合には，定型約款（定型取引において，契約の内容とすることを目的としてその特定の者により準備された条項の総体をいう。以下同じ。）の個別の条項についても合意をしたものとみなす。

一 定型約款を契約の内容とする旨の合意をしたとき。

二 定型約款を準備した者（以下「定型約款準備者」という。）があらかじめその定型約款を契約の内容とする旨を相手方に表示していたとき。

② 前項の規定にかかわらず，同項の条項のうち，相手方の権利を制限し，又は相手方の義務を加重する条項であって，その定型取引の態様及びその実情並びに取引上の社会通念に照らして第1条第2項に規定する基本原則に反して相手方の利益を一方的に害すると認められるものについては，合意をしなかったものとみなす。

（買主の追完請求権）

第562条 ① 引き渡された目的物が種類，品質又は数量に関して契約の内容に適合しないものであるときは，買主は，売主に対し，目的物の修補，代替物の引渡し又は不足分の引渡しによる履行の追完を請求することができる。ただし，売主は，買主に不相当な負担を課すものでないときは，買主が請求した方法と異なる方法による履行の追完をすることができる。

② 前項の不適合が買主の責めに帰すべき事由によるものであるときは，買主は，

同項の規定による履行の追完の請求をすることができない。

（買主の代金減額請求権）

第563条 ①　前条第1項本文に規定する場合において，買主が相当の期間を定めて履行の追完の催告をし，その期間内に履行の追完がないときは，買主は，その不適合の程度に応じて代金の減額を請求することができる。

②　前項の規定にかかわらず，次に掲げる場合には，買主は，同項の催告をすることなく，直ちに代金の減額を請求することができる。

一　履行の追完が不能であるとき。

二　売主が履行の追完を拒絶する意思を明確に表示したとき。

三　契約の性質又は当事者の意思表示により，特定の日時又は一定の期間内に履行をしなければ契約をした目的を達することができない場合において，売主が履行の追完をしないでその時期を経過したとき。

四　前三号に掲げる場合のほか，買主が前項の催告をしても履行の追完を受ける見込みがないことが明らかであるとき。

③　第1項の不適合が買主の責めに帰すべき事由によるものであるときは，買主は，前二項の規定による代金の減額の請求をすることができない。

（買主の損害賠償請求及び解除権の行使）

第564条　前二条の規定は，第415条の規定による損害賠償の請求並びに第541条及び第542条の規定による解除権の行使を妨げない。

　（地上権等がある場合等における売主の担保責任）

　旧第566条　①　売買の目的物が地上権，永小作権，地役権，留置権又は質権の目的である場合において，買主がこれを知らず，かつ，そのために契約をした目的を達することができないときは，買主は，契約の解除をすることができる。この場合において，契約の解除をすることができないときは，損害賠償の請求のみをすることができる。

　②　前項の規定は，売買の目的である不動産のために存すると称した地役権が存しなかった場合及びその不動産について登記をした賃貸借があった場合について準用する。

　③　前二項の場合において，契約の解除又は損害賠償の請求は，買主が事実を知った時から一年以内にしなければならない。

　（売主の瑕疵担保責任）

　旧第570条　売買の目的物に隠れた瑕疵があったときは，第566条の規定を準用する。ただし，強制競売の場合は，この限りでない。

第*1*節　効　　力

　売買契約の成立については，すでに**序章**で述べた。ここでは，成立した売買契約の持つ効力の説明を行う。

　売買契約の効力については，成立した契約から発生する債務の内容に着目しつつ，これを説明することができるが，同時に，債務の履行に焦点をあてて考えることもできる。以下においては，契約によって発生した債務内容の確定方法（Ⅰ），そして，その実現に関する事項の処理方法（Ⅱ）について述べた上で，最後に，売主の「担保責任」と呼ばれる特殊な責任を債務内容の保証という観点から説明するが（Ⅲ），見方を変えれば，それぞれは，履行の前提（Ⅰ），履行の過程（Ⅱ），履行完了後の担保責任（Ⅲ）と位置づけることもできる。

　債務内容から見るか履行段階から見るかは，視点の相違によるものだが，両者は次の図のような関係に立つと言える（**図表 3/4-1**）。

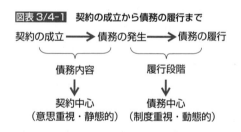

図表 3/4-1　契約の成立から債務の履行まで

Ⅰ　債務内容の決定：履行の前提

　売買契約が成立すると，その契約にもとづき，当事者は一定の債務を負うことになる。売買の効力を明らかにするということは，そこから生じる債務の内容を明らかにすることにほかならない。それゆえ，以下，売買契約の当事者が負う債務の内容について見ていくことにする。なお，履行されるべき債務の内容を明らかにするということは，履行の前提を確定することでもある。

売買契約の当事者の負う債務は，合意による債務と合意によらない債務とに分けられるので，これらを順に説明しよう。

1 合意による債務

(1) 基本的債務

当事者がどのような債務を負うかを決めるのは基本的には当事者自身である。このことを，当事者には「**内容決定の自由**」があると表現することもできる。「契約自由の原則」と言う場合には，この「内容決定の自由」を指していることが多い（広い意味で「契約自由の原則」と言う場合には，「方式の自由」「締約の自由」を含めている。⇒UNIT 2）。

もっとも，ある契約が売買であると言えるためには，次のような債務につきその発生が合意されていなければならない。それは，民法555条の定める債務，すなわち，売主の「財産権の移転」の義務と買主の「代金支払」の義務である。この二つの義務が売買から生じる基本的な債務である。逆に，売買契約を結ぶということは，一方当事者が財産権移転義務を，他方当事者が代金支払義務を負うことを意味するわけである。

◆ **基本的債務の内容** この売主・買主の基本的債務の内容について，少し説明しておこう。まず，売主の**財産権移転義務**であるが，その対象は「財産権」であるので，観念的には，すべての財産権が含まれる（現に，民法には債権の売買に関する規定が置かれている〔民569条〕）。しかし，実際には，多くの規定（また，判例・学説の議論）は所有権の移転を念頭に置いたものである。所有権の移転ということに限って言うと，そこには，（観念的な意味での所有権は，特約等がない限り，民法176条の定める意思主義によって契約成立と同時に移転してしまうと考えるとしても）目的物の引渡義務のほか登記の移転義務などが含まれることに注意する必要がある（新法は，対抗要件具備義務を明文化した〔新560条〕）。なお，日本法は，他人の物の売買も契約としては有効としており，その場合，売主は目的物を取得して買主に移転する義務を負うことになる（新561条〔旧560条〕）。次に，買主の**代金支払義務**であるが，これについては特に説明することはない。ただ，日本法では，代金の額の特定をあまり厳しく要求していないということを述べておこう。

たとえば，「時価による」といった決め方でもよいとされている。

目的物の契約不適合　判例は，売買契約の目的物である土地の土壌に基準値以上の有害物質が含まれていたが，契約当時は当該物質についての規制がなされていなかったという事例につき，目的物が備えるべき性質につき当事者がいかなる合意をしたかは，契約締結当時の取引観念に照らして判断すべきであるとして，規制値以上の有害物質が含まれていても旧570条に言う「瑕疵」にはあたらないとした（最判平22・6・1民集64-4-953 [50]〈47〉）。「瑕疵」とは目的物の契約不適合にほかならないことがよくわかる。

◆ 基本的債務の相互関係　ところで，財産権移転義務と代金支払義務の相互関係についても，一言ふれておこう。売買という契約の特色は，この二つの義務が相互に関係づけられているという点にある。同じく，AからBへ物の所有権の移転，BからAへ金銭の移転があったとしても，この二つがそれぞれ独立の契約にもとづいて行われているとすると，それは売買ではなくなる（二つの贈与ということになる）。売買のように，両当事者に互いに他を前提とする債務を生み出す契約を**双務契約**と呼ぶが，これに対して，贈与のように，一方当事者のみが債務を負う契約を**片務契約**と呼ぶ。双務契約の当事者（売買では売主・買主）の義務は，双方の債務の相互依存性（これを**牽連性**と呼んでおく）ゆえに，ある一定の扱いを受けることになるが，この点については，後で順に説明することにして，いまはこの牽連性に注意を促すにとどめよう[1]。

牽連性　一般に，双務契約から生ずる債務については，一方が履行されなければ他方も履行する必要がないが，このような関係を「履行における牽連性」があると表現することがある。また，一方が消滅すると他方もまた消滅すると解されることが多いが，このような関係は「存続における牽連性」と呼ばれる。さらに，一方が成立しないときには他方も成立しない（契約全体が成立しない）

---

1) 倒産の場面での扱いにつき，鈴木162-164頁（解除），302-303頁（同時履行の抗弁）。

が，このような関係を「成立における牽連性」と呼ぶこともある。本文では，こうした様々な局面で具体的な「牽連性」をもたらす双務契約の一般的な性質を「牽連性」と呼んでいる（図表3/4-2）。

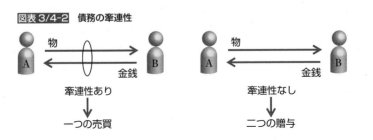

図表3/4-2　債務の牽連性

物　→　　←　金銭　牽連性あり　→　一つの売買

物　→　　←　金銭　牽連性なし　→　二つの贈与

(2)　債務内容の特定・修正：約款論[1]

以前に述べたように（⇒UNIT 2 **Ⅱ** *Ⅰ*(1)），契約の核心部分について合意が成立すれば，それだけで契約は成立する。売買について言えば，基本的債務である財産権移転義務と代金支払義務についてのみ合意があればよい。つまり，目的物と代金が決まっていればよいのである。

　しかし，それ以外のことがらについても，実際には決めておいた方がよい。これらの点についても合意をすれば，それは当事者を拘束する。たとえば，目的物引渡しや代金支払の方法（場所・期日など）については，合意がなされることが多い。さらに，債務不履行の場合に備えて，解除に関する定め，違約金に関する定め，あるいは，責任制限の定め，訴訟に関する定めなどがなされることもある。当事者は，しばしば民法の規定と異なることを定めているが，この定めは基本的には有効である（後で述べる担保責任につき，一定の場合にその免責特約を無効とする民法572条があるが，この規定は，逆に，一定の場合には免責特約が有効であることを示している）。

◆　**約款の利点・欠点**　これらの合意は，実際には，契約書に契約条項として記載されることが多い。そして，ある者が同じような契約をたくさん結ぶ場合には，事前に契約条項を定めた書面を作成

---

1)　概説書で詳しい説明をするのは，星野13-17頁，北川143-152頁など。

しておき，個別の契約にあたっては，それを使用することが行われる。1回
ごとに契約条項を定めるよりも便利だからである。このように，大量取引を
念頭において一方当事者によって事前に作成された画一的な契約条項のこと
を「約款」と呼んでいる（巻末の資料〔賃貸住宅標準契約書〕も約款に近い）。

　約款もそれに合意が及んでいる以上は，契約内容となり当事者を拘束する。
この点では通常の契約と変わらない。しかし，約款には次のような問題があ
る。第一に，約款は一方当事者によって作成されるので，作成者に有利な条
項が盛り込まれやすい（内容の不当性）。第二に，約款は，契約の周辺部分に
かかわるものであり，しばしば細かな内容のものであるために，相手方（作
成者でない側）は内容をよく理解していないことが多い（意思の希薄性）。第三
に，約款は画一的に使用されているので，相手方が変更の申入れをしても受
け入れられにくい（交渉の困難性）。

◆　**約款規制の動向**　　これらの問題に対処するために，ドイツ，イギリ
ス，フランスは，1970年代の後半に相次いで，
規制立法を行った。また，1990年代には，新たにEUの指令が出された
（1993年）。そこで，日本でも立法の機運が高まり，国民生活審議会消費者生
活部会を中心になされた議論などをふまえて，2000年には「**消費者契約法**」
が制定されるに至った。従来は，約款規制には民法の一般法理（公序良俗違
反や合理的解釈のテクニックなど）が用いられていたが，消費者契約法では，
不当な契約条項の規制につき，特別の規定が設けられた。具体的には，無効
とされる不当条項のリストが示されたとともに（消費契約8条〜9条），一般
条項が置かれた（同10条）。この点については，詳しくは消費者法の講義を
聴いてほしい[1]。

> **新法における約款の扱い〔Unbuilt〕**　　債権法改正においては，当初は，約
> 款の組入れ要件を明確化し，不当条項リストを設けることが提案されていた。
> これは約款に関する学説の従来の議論や世界的な立法の動向からすれば自然な
> ことであった。中間試案の段階では，①組入れ要件は非常に緩和され（第30の

---

1)　消費者契約法については，落合誠一・消費者契約法（有斐閣，2001）などを参照。

2），②不当条項リストが除去される一方で（第30の5），③約款の変更につき約款使用者に有利な規定が盛り込まれたが（第30の4），それでもかろうじて，学説にも受容可能な規律がなされていた。ところが，経済界の一部からはこの程度の規律にも難色が示されたため，その後の提案はさらに後退し，最終的には，①組入れ要件については，約款を契約内容とする合意がなくても，約款準備者が「定型約款を契約の内容とする旨を相手方に表示していたとき」には「個別の条項についても合意をしたものとみなす」（新548条の2第1項）という規律（とりわけ評判の悪い規律だが，「相手方に表示していた」を厳格に解釈することによって，不当な結果を回避すべきだろう）が導入される一方で，約款内容を事前に認識する可能性すら不問に付し，「相手方から請求があった場合には，遅滞なく，相当な方法でその定型約款の内容を示さなければならない」（新548条の3第1項）とするにとどめた。また，②不当条項規制については，リストだけでなく一般条項を置くことも断念された（もっとも新548条の2第2項を内容規制のために活用する余地はある）。こうして，③のみが目立った規律が登場することとなり，学説からは厳しい批判が寄せられるに至っている[1]。批判はもっともではあるが，21世紀において約款を無視した民法改正を行うことは考えにくい。どのような形であれ，民法典が「約款」という存在をようやく認知したことを積極的にとらえて，解釈運用を通じて，これに適切な規律を施していくことを考えるべきであろう。なお，「定型約款」（新548条の2）は従来の「約款」よりも限定されているように見えるが，「定型約款」に該当しない「約款」があるとすれば，当該約款については，新法が用意した採用要件を満たしただけで拘束力を有するものではないと解することになろう。

❷ 合意によらない債務

（1） 任意規定等による補充

何度も繰り返すように，売買契約の成立には，目的物・代金に関する合意があれば足りる。その他の点については，もちろん合意をしてもよいが，合意がなくとも契約は成立する。それでは，合意のない事項についてはどうなるか。たとえば，目的物引渡し・代金支払の方法につき，何の合意もされな

---

1) 河上正二「民法（債権関係）改正要綱——とくに『定型約款』について」ジュリスト1480号（2015）。なお，沖野眞已「約款の採用要件について」星野追悼・日本民法学の新たな時代（有斐閣，2015）も参照。

かったという場合，当事者は，いつ，どのように，目的物を引き渡し，代金を支払えばよいのだろう。

このように，合意のない事項については，民法の規定などによる補充がなされることになる。具体的には，いま述べた問題は，民法573条〜575条の3カ条によって処理される。その内容については後で改めて説明する。なお，売買契約の締結費用（契約書に貼る印紙代など）に関する民法558条も，補充のための規定である。あるいは，特別法になるが，割賦販売法7条（「指定商品……の所有権は，賦払金の全部の支払の義務が履行される時までは，割賦販売業者に留保されたものと推定する」）なども同様である。

以上につき，3点を補足しておく。第一に，民法典に規定のない事項についても，取引慣行として定まった取扱いがあれば，その取扱いが適用されうるということ（民92条参照）。第二に，573条〜575条や558条などは任意規定であり，それと異なる合意をすることは許されるということ（民91条参照）。慣行についても，もちろん，それと異なる定めをすることは妨げない（民92条参照）。第三に，任意規定にせよ慣習にせよ，当事者が何も決めなかったときに，どうするかが決まっていることの意味は大きいということ。実は，「この契約は売買である」（「性質決定」と呼ぶ）とすることの意味は，売買という契約類型に備わっている規範を適用し，当事者の意思を補充・調整するという点にある。

（2）　信義則による補充：付随義務論

いま述べたのは，基本的債務（主たる債務とも呼ぶ）をその履行のために具体化する規範についてであったが，合意によらずに，当事者に基本的債務以外の義務が課されることもある。このような義務は「**付随義務**」と呼ばれることが多い。たとえば，家具の売買で，引渡しにつき売主側が配達・設置するという合意がなされた場合には，売主は買主の住居に目的物を搬入する際に，住居内の壁や他の家具に傷をつけないようにするという注意義務を負う。この義務は売買契約に付随する義務なので，契約上の義務であると考えられており，証明責任や時効などにつき契約法のルールに従う。この義務は信義則を根拠として導かれるのが普通であるが，契約の性質から導かれる義務であると言ってもよい。大事なことは，当事者の明示の合意がなくとも一定の

義務が生じる場合があるということである。なお，債権法改正においては，明文の規定を置くことも検討されたが（中間試案第26の３付随義務及び保護義務），実現には至らなかった⑪。

Ⅱ 債務内容の実現：履行の過程

Ⅰでもふれたように，売買契約において基本的債務が定められているだけでは，その履行に支障が生じることがありうる。そのため，債務内容の実現に万全を期すために，別の言い方をすれば，履行の過程をコントロールするために，一方で，契約当事者は予め合意を交わし，他方，合意のない場合に備えて，民法典は一連の規定を置いている。具体的には，履行を円滑に行うための補充規定として，すでに述べた若干の規定（民573条〜575条・558条）が置かれているほか，債務の履行の過程で生じうる障害に対応するための規定（民533条・536条）などが設けられている。

> **債権総則上の規定との関係〔Unbuilt〕**　債務の履行過程に関する規定は，契約各則・総則に置かれた規定に限られるわけではない。債権総則にも，受領拒絶に関する規定，債務不履行に関する規定や弁済の提供・充当に関する規定などが置かれている。債権法改正においては，履行請求・代金減額請求・解除・損害賠償の関係は整序されたものの，それ以上の検討は必ずしも十分には行われなかった。

1 履行の調整

（1） 履行の態様：日時・場所

売買契約は成立と同時に履行されることもある。われわれが日常的な買物をする場合の多くはこれにあたる（**現実売買**と呼ばれる）。しかし，場合によっては，履行のための準備が必要なこともある。その場合には目的物と代金のほかに，たとえば，配達は翌日の午後３時，支払は今月末といったように，履行の態様につき定めることになる（本書27頁以下の売買契約書４条〜７条も参照）。

　ところが，履行の場所・日時が不完全にしか定められていないことがある。そこで，民法は，目的物の引渡しの期限のみが定められている場合には，代金の支払期限についても同じ期限が定められていると推定するという規定（民 573 条）や目的物の引渡場所のみが定められている場合には，代金について同時に支払う約束であれば，引渡場所＝支払場所となるとの規定（民 574 条）を置いている。当事者の意思を推測する規定である。

　では，履行の場所・日時が全く定められていない場合にはどうなるか。この場合，契約が成立したその時点・その場所で履行がなされるという合意がされたと解釈できる場合もあるが，そのように考えるのは合理的ではない場合もある。この場合には，取引慣行などによって契約内容を補充するほかない。

（2）　履行に付随する事項：果実・利息

　合意または民法の規定によって履行の日時（履行期と言う）が定められたとして，これに付随する細かな問題がなお残る。それは，果実・利息の帰属をどうするかである。もちろん，この点も合意で定めることは可能だが，合意がない場合に備えて，引渡し時までは**果実収取権**は売主に属し，また，引渡し時から買主は代金の**利息**を支払う義務を負うと定める規定（民 575 条）が置かれている（図表 3/4-3）。

図表 3/4-3　果実と利息の取扱い

	成立前	引渡し前	引渡し後
果　実	（売　主）	売　主	買　主
利　息	（買　主）	買　主	売　主

　なお，この規定の趣旨については，大連判大 13・9・24 民集 3-440〈52〉が次のように判示している。「元来，同条は，売買の目的物に付其の引渡前に果実を生じ若は売主が目的物を使用したる場合に，買主より売主に対して其の果実若は使用の対価を請求することを得せしむるときは，売主より買主に対して目的物の管理及保存に要したる費用の償還並代金の利息を請求し得ることとなり，相互間に錯雑なる関係を生ずるにより，之を避けんとするの

趣旨に外なら」ないと。

　このように，かつては，売主・買主が持つ債権を相殺するという考え方で，この規定は説明されていた。しかし，今日では，むしろ引渡し時に，果実収取権と利息債権とが，それぞれ相手方に移転すると考えるようになっている[1]。この点は後に述べる危険負担とも関連するので（⇒**2**(2)），頭の片隅に置いておいてほしい。

2　履行の障害

　さて，履行期が到来したのに，契約当事者の一方による債務の履行がなされないという場合（**債務不履行**の場合）には，どうなるのだろうか。当該債務者に責任がある（責めに帰すべき）事情により履行がなされない場合には，他方当事者としては，**履行強制**（民414条）や履行に代わる**損害賠償**（民415条）を求めることができるほか，契約を**解除**すること（新541条・542条〔旧541条〜543条〕）も可能になる（ただし，帰責事由なしで損害賠償請求・解除をなしうるかという問題がある）。

　しかし，このような解決がすべてではない。一方で，このような最終手段に訴える前に，自分の履行を行わないという暫定的な対抗手段に訴えることも可能である。他方，相手方に責任を負わせられない事情により履行ができなくなった場合には，特殊な取扱いがなされる。前者が**同時履行の抗弁**，後者が**危険負担**と呼ばれるものである（図表3/4-4）。

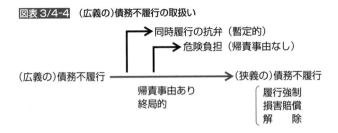

図表3/4-4　（広義の）債務不履行の取扱い

（広義の）債務不履行 → 同時履行の抗弁（暫定的）
→ 危険負担（帰責事由なし）
→（狭義の）債務不履行
帰責事由あり
終局的
｛履行強制
損害賠償
解　除｝

---

1)　広中55-56頁などを参照。

　なお，履行強制や損害賠償は，債務というものの性質上，当然に認められる救済措置であるが，解除や同時履行の抗弁・危険負担は，双務契約の性質（牽連性）に由来する制度である。すなわち，一方の債務が履行されなければ，他方は履行をする必要がないという考え方によるものである[1]。その意味で，解除・同時履行の抗弁・危険負担は双務契約の効力であるとも言えるのである。このうち，いったん成立した契約を解消に導く解除については，後に改めて扱うことにして（⇒UNIT 5），ここでは他の二つの制度について，説明をしておきたい。

（1）履行停止：同時履行の抗弁

　相手方に債務不履行があった場合，解除して契約から離脱してしまうことによって自分自身の債務の履行を免れることが可能である。しかし，そのようなドラスティックな手段，最終的な手段に出る前にとることができる，よりマイルドな手段もある。それが同時履行の抗弁である。これは，相手が履行しない以上，自分も履行しなくてよい（相手の履行時まで自分の履行を延期することができる），という権利である。つまり，同時履行の抗弁を有する場合には，たとえ自らの債務の履行期が過ぎていても，債務不履行の責任を問われることはないのである（フランス法ではこれを「不履行の例外（＝抗弁）」と呼んでいる）。これを定める規定は民法533条であるが（この規定は任意規定なので合意により別々の履行期を定めることも可能），この規定をもう少し詳しく見てみよう。

◆　**要　件**　まず，要件としては，①双務契約から生じた債務があること，②相手方が履行の提供をしていないこと，③相手方の債務の弁済期が到来していること，の三つが必要である。同時履行の抗弁は，履行のレベルで双務契約の相互依存性が現れたものであるので（既述のように，「履行上の牽連性」と呼ばれる。⇒I **7**(1)），①が本質的な要件である。しかし，この要件は次第に緩められる傾向にあり，厳密な意味では牽連性を持つと言えないような債務の間にも，政策的に同時履行の抗弁が認められている。最判昭49・9・2民集28-6-1152〈16〉は，不動産賃

　1）　解除の制度趣旨につき，星野69頁。

貸借終了後において家屋明渡義務と敷金返還義務とは同時履行の関係に立たないとしたものであるが，学説には，敷金返還債務の履行を確保するためには，同時履行の抗弁を認めるべきだとして，反対するものが多い。それぞれの義務については，賃貸借のところで説明しよう（⇒UNIT 6/7 Ⅲ**2**(2)，**Ⅱ2**。なお，同時履行の抗弁は権利移転型の契約で主として問題になり，非移転型の契約では普通は問題にならない)[1]。

◆ **効 果** 次に，効果であるが，先にも述べたように，実体法上は，同時履行の抗弁権を有する債権は履行遅滞に陥らない（債務不履行とならない）という効果が生じる。しかし，訴訟法上は，相手方の請求は棄却されるのではなく，**引換給付**の判決（原告が債務を履行するのと引き換えに履行せよという判決）が下される。なお，訴訟外で，相手方の同時履行の抗弁を消滅させて債務不履行責任を追及するには，自ら履行（弁済）の提供をすることが必要だが（②の要件を満たさなくする），例外的に，弁済の提供をする必要がないとされる場合もある。そのことを示すのが最判昭41・3・22民集20-3-468〈17〉である。

　抗弁権の行使は必要か 同時履行の抗弁を文字通り「抗弁」ととらえて，抗弁権の行使があってはじめて効果が生ずると解する立場（行使効果説と呼ばれる）に対して，同時履行の関係にあればそれだけで効果が生ずると解する立場（存在効果説と呼ばれる）が存在する。機能的な観点から後者に立つ見解が有力であったが，最近では，原理的な観点からこれに反対する見解もある[2]。

◆ **不安の抗弁** 同時履行の抗弁と対比して考えるとよい抗弁として，**不安の抗弁**と呼ばれるものを認めたと言える裁判例が下級審に存在する（東京地判平2・12・20判時1389-79〈19〉）。これは先履行の義務を負う当事者が，相手方の履行がなされるか否か不安を覚えた

---

1) 内田60頁の表を参照。
2) 後者に立つものとして鈴木298-299頁，星野43頁など，前者に立つものとして山本91-92頁など。

場合には，自らの義務の履行を拒むことができるというものである。売買目的物につき権利主張をする者があるとき，買主は代金を支払うことを拒絶できるとする民法576条・577条も同様の考え方にもとづくものであると言えるので，両者をあわせて考えるべきだろう。そして，不安の抗弁を消すためにどうすればよいかという点については，供託によって処理する民法578条が参考になろう。なお，債権法改正においては，明文の規定を置くことも検討されたが（中間試案第33不安の抗弁権），実現には至らなかった ⓤ。

（2）　履行不能：危険負担[1]

　契約成立後に債務の履行が不能となったという場合（後発的不能の場合），従来は次のような問いが立てられていた。それが債務者の責めに帰すべきものであれば（たとえば，住宅の売買で，売主の失火で目的物が滅失した場合など），（狭義の）債務不履行となる。しかし，債務者の責めに帰すべき事由がないときには（たとえば，落雷による火事で目的物が滅失），当事者の権利義務はどうなるだろうか（図表3/4-5）。

図表 3/4-5　危険負担における二つの考え方

①：○＝存続（債権者主義）
　　危険はBへ
②：×＝消滅（債務者主義）
　　危険はAへ

◆　**民法典の当初のルール**

この場合，まず，Aの債務は不能となり消滅する。不履行責任は生じない。問題は，Bの債務がどうなるかである。考えられるのは，①存続するか，②消滅するか，である。①だと，Bは目的物を得られないのに代金は払わなければならないということになるが（Aは家を失ったが代金は得られる），

1）　半田吉信「危険負担」民法講座5。なお，法史・比較法につき，小野秀誠・危険負担の研究（日本評論社，1995）も参照。

②だと，Ｂは目的物は得られないが代金も払わなくてよいことになる（Ａは家を失い代金も得られない）。つまり，災害による不動産滅失（による債権消滅）のリスク（危険）は，①の場合には買主Ｂが，②の場合には売主Ａが，それぞれ背負い込むことになるわけである。それゆえ，これを危険負担の問題と呼んでいる。また，伝統的に，①を**債権者主義**，②を**債務者主義**と呼んでいる（履行不能となった債権に着目して「債権者」「債務者」という言葉を用いている点に注意）。

　この問題に民法典はどのような解決を与えているだろうか。民法典はもともとは二つの場合を分けて規定を置いていた。第一は，物権の設定・移転を目的とする契約（売買はこれにあたる）の場合であり，この場合には①がとられていた（旧 534 条）。第二は，それ以外の契約の場合であり，この場合には②がとられていた（旧 536 条）。売買など物権の設定・移転の場合には，一方の債権が消滅しても他方の債権は消滅しないが，その他の場合には，一方が消えれば他方も消えるというわけである。つまり，売買などを除いて，二つの債権は相互依存的な関係にあるということである（「**存続上の牽連性**」と呼ばれる）。

　細かく言うと，①のルールが適用される時点は，物権設定・移転の対象が**特定物か不特定物か**で異なっている。特定物については契約成立と同時にこのルールが適用されるが，不特定物の場合には，**特定**が生じた時点から適用されていた（旧 534 条 2 項）。特定の時点は民法 401 条 2 項により「給付をするのに必要な行為」の「完了」時とされているが，実際にはなかなか判断が難しい（最判昭 30・10・18 民集 9-11-1642 [1]〈20〉の事案を参照）。

　　特定物と不特定物　　取引には，物の個性に着目して行われる場合とそうでない場合とがあるが，前者における目的物が特定物，後者における目的物が不特定物である。たとえば，ペットショップで犬を 1 匹買う場合に，目の周りが黒い「この犬」が可愛いので買うという場合には特定物，どれでもいいけれど「この種類の犬」を買うという場合には不特定物となる。「この犬」を買った場合には，この犬が死んでしまえば履行不能になる。これに対して，「この種類の犬」を買ったとすると，1 匹が死んだだけでは履行不能にはならないが，たとえば，買主が「この犬」にすると指定して，他の犬とは区別された犬舎で飼育さ

れ，買主の引取りを待つだけの状態になっていれば（これが特定にあたる），もはや「この犬」が死んでしまえば，履行は不能になったと見ることになる。

◆　**債権者主義の制限**　双務契約から生じる債権の性質からすると旧536条の扱いが妥当であり，旧534条はおかしな感じがする。なぜこのような規定が置かれてしまったのだろうか。それは，主としてローマ法以来の制度に従ったという理由によるが，必ずしも十分な説明とは言えない。確かに，契約と同時に所有権が移転するので危険も同時に移転するという説明はありうる。しかし，今日では，所有権は，引渡し・登記・代金支払などがあってはじめて移転するという見解が有力であり，契約時に所有権が移転するという見解はかなり評判が悪い（⇒本シリーズ物権編）。そんなこともあって，旧534条の債権者主義は非常に評判が悪かった。判例は条文に従って，この考え方を維持しているものと見られるものの（最判昭24・5・31民集3-6-226がリーディング・ケース），学説には，何とかしてこの規定の適用範囲を限定しようというものが多かった（この規定も任意規定なので，当事者が異なる定めを置くことは可能。ここでの問題は合意のない場合の取扱いである）。様々な考え方があるが，所有権移転時を契約時よりも遅らせる考え方をとった上で，所有権移転時に危険も移る（あわせて果実収取権も移る）とするのが大勢であった（本書27頁以下の売買契約書5条・11条も参照）。しかし，明文の規定がある以上，このような解釈論はやはり苦しい。旧534条は，民法大改正があるとしたら，まっ先にとりあげられる規定の一つであろうと言われてきた。

　　新法における危険負担〔債権法改正〕　債権法改正においては，履行不能の場合の解除の要件から帰責事由を除く（新542条1項1号参照）こととの関係で，危険負担制度を廃止することも検討された（中間試案第12）。しかしながら新法においては，評判の悪かった債権者主義を廃して債務者主義に統一した上で，「債権者は，反対給付の履行を拒むことができる」（新536条1項）という規定が存置されている。これは，債務の消滅には解除が必要であるが，解除をしていなくても履行を拒絶することはできることを意味する。

　　536条2項については，雇用契約との関係が深いので，そこでふれることにす

る（⇒UNIT 9 Ⅱ **2**(1)）。

Ⅲ　債務内容の保証：履行完了後の担保責任

　次に「担保責任」について説明することにしよう。担保責任とは，売買の内容（目的物）につき売主が一定の保証をしていることにもとづく特殊な責任である（フランス法では，ここでいう「担保」は garantie であり，「担保（権）」を意味する sûreté は区別される）。そして，この責任は売主の履行が終わった後になって問題となる。

　担保責任は，ローマ法以来の長い歴史を持つ制度であり，実際の取引においても非常に重要な意味を持っている。また，民法典が売買の効力について置いた規定のほとんどは，この担保責任に関連するものである（民560条〜570条，572条。旧572条は「第560条から前条までの規定による担保の責任」〔傍点筆者〕という表現を用いていたが，新572条はこの表現は維持しつつ責任そのものに関する規定のみを取り出している）。そこで，以下，この担保責任について，やや詳しく見ていくことにしたい。まず，制度の概観を行い，続いて，瑕疵担保責任とその他の担保責任に分けて，解釈論上の問題を検討することにする。

1　概　　観

（1）種　　類

　民法560条以下の定める担保責任は次のように分類することができる（図表3/4-6）。

図表 **3/4-6**　売主の担保責任の分類

〔旧　法〕

担保責任┬権利の瑕疵┬①所有権が他人に帰属（560条〜564条）
　　　　│　　　　　├②数量不足・一部滅失（565条）
　　　　│　　　　　└③他人の権利が付着（566条・567条）
　　　　└物の瑕疵（「瑕疵担保責任」570条）

〔新　法〕

担保責任┬物の瑕疵＝目的物の契約不適合（562条〜564条）
　　　　└権利の瑕疵（565条）

　まず，物の瑕疵に関する責任と権利の瑕疵に関する責任に大別することができる。前者が**瑕疵担保責任**と呼ばれてきたものであり（新562条〜564条〔旧570条〕），担保責任の中で最も重要なものである。後者は，二つのグループに分けることができる。①目的物の所有権の全部または一部が他人に属する場合（「**他人物売買**」と呼ばれる（新561条〔旧560条〕）。なお，この場合の担保責任をローマ法以来，**追奪担保責任**と呼んでいる。後に，本来の権利者が現れて目的物を持ち去った場合の責任という意味である。新565条〔旧561条〜564条〕）。②目的物に用益権や担保権など他人の権利が付着している場合（新565条〔旧566条・567条〕）。以上のほかに，特殊なものとして，競売の場合の担保責任（民568条），債権の売主の担保責任（民569条）が規定されている。なお数量不足・一部滅失の場合の担保責任は，性質としては，権利の瑕疵と物の瑕疵の中間に位置するが（むしろ物の瑕疵に近い），従来は，効果の点に着目して瑕疵担保責任とは区別されていた（旧565条）。

　民法典はもともとは，権利の瑕疵について定め，物の瑕疵にこれを準用するという形で，規定を配置しているが（前者につき，旧560条〜567条，後者につき，旧570条），新法においてはこれを逆転させ，まず，数量不足等も含めて瑕疵担保責任について定め（新562条〜564条），続いて，これを権利の瑕疵の場合に準用するに至っている（新565条）。瑕疵担保責任の重要性に着目したためであるが，その内容は従来よりもわかりやすくなっている。

　以下の説明は，瑕疵担保責任を中心としたものとなるが，必要に応じて，その他の場合にも言及する。

(2)　法的性質

　さて，先に述べた担保責任はなぜ認められているのだろうか。この点を問うということは，担保責任の法的性質を考えることにつながる。この問題については，特に，瑕疵担保責任をめぐり，法定責任説（旧通説）と契約責任説（新通説）とが対立してきた。

　議論の実益　瑕疵担保責任の法的性質に関する議論は，契約責任に対する見方をめぐる理論的なものであると同時に，実際的な意義をも有するものである。法的性質をどうとらえるかによって，適用範囲（不特定物にも瑕疵担保責

任の規定の適用はあるか）をはじめとして，過失の要否・対象や損害賠償の範囲，修補請求権の有無などいくつかの点で具体的な結果が影響を受けうる。

◆　**法定責任説**　　　これは，瑕疵担保責任は特定物についてのみ特別に法律によって認められた責任であるとする見解である。この見解は次のように考える。特定物の場合には，その物を現状のまま引き渡せば義務を履行したことになる（民483条。旧規定はこのことのみを定めていたが，新規定は，これを補充的なルールに位置づけ直した）。それゆえ，たとえば，隠れた瑕疵のある目的物を引き渡しても，それによって債務は履行されたことになる。しかし，隠れた瑕疵はないものと思って買った買主の期待を保護するために，特に法律が認めた責任が瑕疵担保責任であるとしていた。

　この見解からは，後で見る要件・効果における瑕疵担保責任の特殊性は導きやすい（特別な責任だから特別な要件・効果が定められていると説明できる）。しかし，特定物は瑕疵担保責任，不特定物は債務不履行責任という区別が本当に妥当かという批判が，半世紀ほど前に有力三教授によって展開された（五十嵐・北川・星野）[1][2]。

　特定物ドグマ　　特定物には瑕疵があっても債務不履行とはなりえない，別の言い方をすると瑕疵のない物を引き渡す義務はない（だから瑕疵担保責任は特別な法定責任である）という考え方を「特定物ドグマ」と呼んでいる。ある名画を買ったが隠れたきずがあったという場合，目的物はその「きずのある」名画であり，売主は本来はこれを引き渡せばよく，「きずのない」名画を引き渡す義務は生じない，と考えるのである。しかし，次に述べる契約責任説は，特定物ドグマを否定し，「きずのない」名画を目的物とする契約がされたのならば，瑕疵のない物を引き渡す義務がある（新483条参照）として，債務不履行責任を肯定する。

　1）　概説書としては，星野133-135頁，北川善太郎・債権総論（有斐閣，第3版，2004）138-142頁。
　2）　鈴木235頁は，今日でも，法定責任説に立つ。ただし，担保責任がそのまま妥当する場面は「めったにない」としている（同250-251頁）。

◆　**契約責任説**　　代わって有力になったのが契約責任説である。この見解は，瑕疵担保責任の規定は契約責任の規定の特則にすぎないとして，特定物・不特定物を問わず，まず担保責任の規定が適用されるとした。しかし，契約責任説は，なぜ瑕疵担保責任の特則が置かれているのかという点については，必ずしも積極的な理由を示さなかった。

それでは，この点をどう考えればよいか。冒頭に述べたように，担保責任は，売買契約によって，売主が，ある物の権利移転につき保証をしたにもかかわらず，後になって権利の移転ないし物の性質に問題があることが判明した場合の責任である。いったん目的物の引渡しがなされ，それにより売主の債務の履行は完了したけれども，物または権利に瑕疵がある場合には，担保責任という形で売主の責任が再び問題となる。ただし，履行完了後の責任であるので，期間などについては一定の制約が課されているのである。つまり，本来の債務不履行責任は担保責任という特殊な責任へ転化すると見ることができる（**図表3/4-7**）。

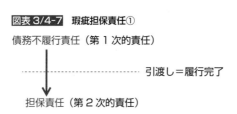

図表3/4-7　瑕疵担保責任①

新法における瑕疵担保の法的性質論〔債権法改正〕　　新564条は，目的物の契約不適合の場合につき買主の追完請求権・代金減額請求権を定めた2カ条（新562条・563条）を受けて，「前二条の規定は，第415条の規定による損害賠償の請求並びに第541条及び第542条の規定による解除権の行使を妨げない」と定めている。これは，瑕疵担保責任が契約責任であることを確認するものであると言える。

結局，債務不履行責任と併存する責任ではなく，債務不履行責任の変化したものであるという点では，担保責任は契約責任であると言える。しかし，

当初の債務不履行責任そのものではなく法律によって規制を受けた特殊な責任であるという点では，これを法定責任と呼ぶこともあながち誤りではなかろう。近年の議論は，このような担保責任を含む契約責任の構造理解へと向かっている[1]。その意味で，かつての法定責任か契約責任かという議論は乗り越えられつつあると言ってよいだろう（**図表3/4-8**）。

図表3/4-8 瑕疵担保責任②

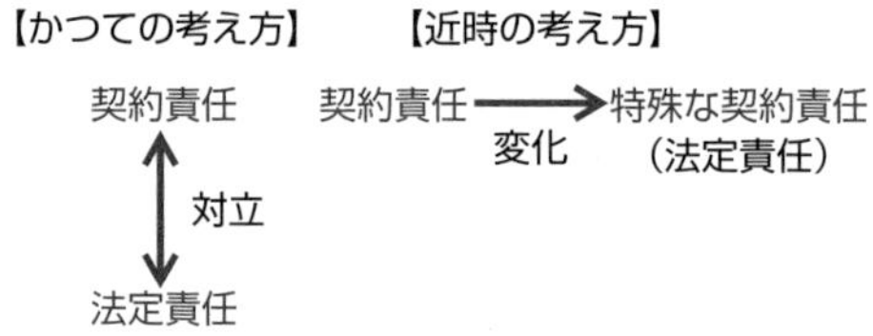

【かつての考え方】　　【近時の考え方】

契約責任　　契約責任 ──→ 特殊な契約責任
　　　　　　　　　　変化　　（法定責任）
　↑
　対立
　↓
法定責任

　以上を前提として，もう少し技術的な問題をとりあげてみることにしよう。まず，瑕疵担保責任（契約不適合責任）について説明し，続いて，その他の担保責任について補足する。

2　瑕疵担保責任（契約不適合責任）

（1）要　件

　要件については，様々な問題があるが，ここでは大きく分けて2点を検討する。

◆　契約適合性の欠如
　　と期間制限

第一に，契約適合性の欠如について。旧570条は，要件の中核に「隠れた瑕疵」という概念を据えていた。ここでの「瑕疵」とは「きず」のことであるが，単に物理的なきずに限らない。広く契約によって約束された性質を目的物が欠いていること（契約適合性の欠如）を指すと一般には解されてきた。ただし，このような瑕疵が隠れたものでなければ責任は生じないとされてき

---

1)　森田宏樹教授などによる（森田・後掲書〔**REFERENCES**〕を参照）。

た。

　新法においては，「隠れた瑕疵」という難読・難解の用語を避けて，端的に「（種類，品質又は数量に関して）契約の内容に適合しない」という表現が採用されるに至った（新562条1項）。従来の考え方が明文化されたと言ってよいが，その位置づけがあいまいであった数量不足・一部滅失が明示的に取り込まれた点に注意する必要がある。なお，「瑕疵」の語が廃されたのに，瑕疵担保責任という用語を用い続けることの当否については検討を要する。

　　「隠れた」の位置づけ〔債権法改正〕　　旧570条が「隠れた瑕疵」の存在を要件とするのに対して，新562条以下においては「隠れた」という文言がもはや用いられていない。この点については，従来，「隠れた」は瑕疵の存在につき買主が善意無過失であることを意味すると解されてきたが，目的物が契約に適合しない場合に買主に過失があったというだけで救済を一律に否定すべきではなく，目的物に存する欠陥等がどこまで契約に織り込まれていたかをふまえて判断すべきであるとの理由が示されている[1]。

　　「瑕疵担保責任」という用語について〔債権法改正〕　　難読・難解を理由に「瑕疵」の語を条文から除くとしても，そのことによって「瑕疵担保責任」という用語の使用が禁じられるわけではない。権利に関する契約不適合につき追奪担保責任，目的物に関する契約不適合につき瑕疵担保責任という用語が，講学上使い続けられることはありうるだろう。特に，「追完」請求権に関する規定の存在を説明するには，これらが「担保」の責任であるというとらえ方が有益であろう。

　　第二に，期間制限について。瑕疵担保責任には1年という期間制限がある（新566条〔旧570条→旧566条3項〕）。契約適合性については，特別に受領後も責任追及を認める代わりに，期間は短く制限するということであろう。なお，この期間の意味については，最判平4・10・20民集46-7-1129が存在する。この判決は，1年の期間は除斥期間であるとしつつ（したがって完成猶

---

1) 「民法（債権関係）の改正に関する中間試案の補足説明（平成25年4月）」404頁。

予・更新等はない），この期間内に「担保責任を問う意思を裁判外で明確に告げることをもって足り，裁判上の権利行使をするまでの必要はない」としている（その背後には，1年では短すぎるという感覚がある）。この点につき，新法では，「1年以内にその旨を売主に通知」すればよいとされている（新566条本文）。なお，このほかに，債権一般に関する10年の時効（新166条1項2号〔旧167条1項〕。新166条1項1号によって5年の時効が加わった）による制約もあるとされてきた（最判平13・11・27民集55-6-1311 [53]）。

（2）効　果

効果についても大きく分けて2点について述べる。

◆　**損害賠償・解除**　第一に，損害賠償・解除について。瑕疵担保責任の効果は，損害賠償または解除である（損害賠償一般については本シリーズ債権編を参照，解除については⇒UNIT 5）。債権法改正以前には，一般の債務不履行責任と異なり，解除には「契約をした目的を達することができないとき」という制約が付され，これにあたらない場合には損害賠償のみが認められることとされていたが（旧570条→旧566条1項），新法においては，解除の規定が改められることに伴い（⇒UNIT 5），損害賠償・解除ともに一般ルールが適用されることを確認する規定が置かれている（新564条）。

◆　**追完請求権・代金減額請求権**　第二に，追完請求と代金減額請求について。従来，追完請求について明文の規定はなかった。しかし，これが可能な場合にも認められないのは実質的にはおかしいだろう。債務不履行の場合に認められる完全な履行の請求は瑕疵担保になっても認められると解するべきである。新法においては，「目的物の修補，代替物の引渡し又は不足分の引渡し」による履行の追完を請求できることが明示されるに至った（新562条1項）。代金減額請求についても，解釈上これを認める見解が多かったが，新法においてはこの点を明文化するとともに，原則として追完の催告が必要なことを示して解除との整合性を確保している（新563条。新541条・542条参照）。

▌　**修補請求権の法律構成**　近時は，この点に関する議論が展開されてきた。　▌

フランス法に従って瑕疵担保の効果である損害賠償には「現実賠償」も含まれるとする見解や契約の解釈によって修補義務を負う黙示の特約があると見る見解などがその例である。本文で述べたように，新法では，修補請求権は追完請求権の一内容として位置づけられている。

(3)　数量指示売買の場合

旧565条は，「数量を指示して売買をした物」が不足している場合（および物の一部が減失している場合）には，旧563条・564条を準用するとしていた。すなわち，買主は，1年の期間内に，代金の減額を求めることができ，現に存する物だけでは契約を締結しなかっただろうという場合には，契約を解除することもできた。この規定が適用される売買のことを「**数量指示売買**」と呼んできたが，判例は，数量指示売買とは，「当事者において目的物の実際に有する数量を確保するため，その一定の面積，容積，重量，員数または尺度あることを売主が契約において表示し，かつ，この数量を基礎として代金額が定められた売買」を指すとしている（最判昭43・8・20民集22-8-1692）。

　ここで重要なのは，数量指示売買においては，目的物の数量が契約の重要な構成要素をなすということである（本書27頁以下の売買契約書2条も参照）。それは価格に連動しており，その数量の不足は場合によっては契約の目的を実現不能にする。このようなものとして合意された数量については，売主は担保責任を負うのである。新法はこの点を直視して，数量不足の場合を取り込む形で瑕疵担保責任を再構成したわけである。

(4)　補遺——従来の解釈論上の諸問題

　瑕疵担保責任をめぐり従来争われてきた解釈論上の諸問題のいくつかは債権法改正によってほぼ解消されると見られる。しかし，その中には瑕疵担保責任の由来・性質を理解する上でなお有益なものもある。

　一つは，**不特定物への適用**について。先に述べたように，法定責任説は，瑕疵担保責任は特定物についてしか認められないと主張してきた（前述のように，これを「特定物ドグマ」などと呼ぶ）。しかし，契約責任説や近年の諸見解は，不特定物についても瑕疵担保責任の規定の適用（具体的には期間制限）

を認めるべきだと主張する。この点については，判例も見ておこう。大判大14・3・13民集4-217と最判昭36・12・15民集15-11-2852 [51] 〈42〉である。大判大14・3・13は，ややわかりにくい判決であるが，不特定物であっても，特定後については特定物同様に扱うべきであり瑕疵担保が問題になる（受領時に瑕疵を知らなければ瑕疵担保責任を追及しうる）としたものと解しうる。これに対して，最判昭36・12・15は，（契約時には知らなかった）「瑕疵の存在を認識した上で……履行として認容」したのでない限り，債務不履行の問題となる（完全な給付を請求しうる）としたものである。両者は一見すると矛盾するようであり，判例変更がされたとの見方もある。また，いずれも原審認容判決である点に着目して，瑕疵担保でも債務不履行でもどちらでも認めるというのが判例の立場であるとの見方もある。いずれにせよ，最判昭36・12・15の解釈論には不明確な点があるという批判が強い。最近の学説の立場からすると，大判大14・3・13から「特定」ということに対する執着を除去した方向（受領時における買主の主観的態様に着目する方向）で，判例法は展開されるべきであるということになろう。

　もう一つは，**損害賠償の範囲**にかかわる問題であり，賠償されるのは**信頼利益か履行利益か**という問題である。かつての法定責任説は，瑕疵担保責任は特別な責任であり，無過失責任でもあるので，効果の面で，損害賠償の範囲が制限される，すなわち，信頼利益の賠償（解除した場合，契約交渉等にかかった費用）に限られると説いていた。つまり，履行利益の賠償（契約の実現によって得られるはずであった利益）は得られないとしていたのである。しかし，契約責任説の側からは，このように損害賠償の範囲を限定する必然性はないとの批判がなされてきた。この点に関して，数量不足の場合についてであるが，注目すべき判例がある。最判昭57・1・21民集36-1-71 [52] 〈44〉である。この判決は，数量が代金額決定の基礎とされただけにとどまる場合には，契約通りの数量であったならば買主が得たであろう利益を賠償する責任を負わないとしている。反面，これは，数量通りであることに特別な意味があったことを立証できれば，履行利益の賠償を認めることも妨げないという含みを持っていると言える。その意味で，瑕疵担保＝信頼利益賠償という図式は排除されているのである。なお，新法が損害賠償の一般原則（民415

条）によることを明示していることは前述した通りである。

　　数量超過の場合　　民法は，数量指示売買における数量不足の場合につき定めているが（新562条〔旧565条〕），数量超過の場合については規定を置いていない。判例は，代金増額の合意の存在を認めうる場合は別として，旧565条の類推適用によって増額請求権を認めることはできないとしている（最判平13・11・27民集55-6-1380〈45〉）。学説にはこれに反対するものも多いが，今後は，合意の存在を認めうるのはいかなる場合であるかが争われることになろう。

③　その他の担保責任

　その他の担保責任に関しては，他人物売買（新561条〔旧561条〜564条〕）につき，若干の説明をする。競売や債権などの場合（新568条〜569条〔旧566条〜569条〕）については条文を見ておいてほしい。

　　強制競売と担保責任　　建物の強制競売に際して，その存在が前提とされていた借地権が存在しなかった場合には，当該建物の買受人は目的を達することができない。判例は，買受人は旧566条1項・2項，568条1項・2項の類推適用により，強制競売による売買契約を解除しうるとしている（最判平8・1・26民集50-1-155〈50〉）。

　すでにふれたように，新561条（旧560条）は他人の物の売買を有効としており，他人物の売主は目的物の所有権を取得して買主に移転する義務を負うものとしている。従来は，これを受けて旧561条前段は，売主がこれに失敗した場合には，買主は解除をなしうると定めつつ，一方で善意の（権利が他人に属することを知らない）買主は損害賠償請求も行いうる（同条後段参照）。他方，善意の売主に，買主善意の場合には損害を賠償して，買主悪意の場合には損害を賠償せずに，契約を解除することができるとしていた（旧562条）。これらの規定は一般に，他人物売買の場合の売主の担保責任（追奪担保責任）を定めた規定であると解されてきた。

　ところが，これらの規定に関して，最判昭41・9・8民集20-7-1325は，買主が悪意の場合には，瑕疵担保責任としての損害賠償（旧561条）は認め

られないが，売主の履行不能がその責めに帰すべき事由による場合には，債
務不履行にもとづく解除・損害賠償請求（旧543条・415条）が可能であると
した。新法は，他人物売買の場合の解除・損害賠償については，従来の特則
を廃して一般原則に委ねることとしつつ，移転させるべき権利の契約不適合
（および一部不移転）の場合には，瑕疵担保責任と同一の規律を及ぼすことと
している（新565条）。

性質保証と担保責任[1]　　数量指示売買と他人物売買とを対比して見ると，次
のことがわかる。すなわち，いずれの場合にも重要なのは，当事者が何を契約
内容としたのか（何を保証したのか）ということである。翻って考えると，瑕
疵担保責任についても，同様の側面が見いだされる。何が「隠れた瑕疵」であ
るかは，瑕疵のない状態がいかなるものかにかかっている。そして，それは，
当事者が契約で目的物をどのようなものとして定めたかによって決まる。たと
えば，ある放送機械（前掲最判昭36・12・15参照）またはあるジャム（最判昭
33・6・14民集12-9-1492［76］参照）に瑕疵があったかどうかは，もともと契
約でいかなる性能・品質が合意されたかにかかっている。あるレベルの性質・
品質が保証されたのに，実は，それが欠けていたというのが，そこでの問題な
のである。つまり，瑕疵担保責任という問題は，債務不履行責任の受領による
変質という問題であると同時に，性質保証による債務内容の決定という問題で
もあると言える。

---

1)　参照，笠井修・保証責任と契約法理論（弘文堂，1999）。

MAIN QUESTION

履行の過程をどう理解するか？

KEY SENTENCES

■売買契約が成立すると，その契約にもとづき，当事者は一定の債務を負うことになる。売買の効力を明らかにするということは，そこから生じる債務の内容を明らかにすることにほかならない。

■売買契約の当事者の負う債務は，合意による債務と合意によらない債務とに分けられる。

■売買契約を結ぶということは，一方当事者が財産権移転義務を，他方当事者が代金支払義務を負うことを意味する。売買という契約の特色は，この二つの義務が相互に関係づけられているという点にある。

■「この契約は売買である」（「性質決定」と呼ぶ）とすることの意味は，売買という契約類型に備わっている規範を適用し，当事者の意思を補充・調整するという点にある。

■債務不履行責任と併存する責任ではなく，債務不履行責任の変化したものであるという点では，担保責任は契約責任であると言える。しかし，当初の債務不履行責任そのものではなく法律によって規制を受けた特殊な責任である。

■数量指示売買においては，目的物の数量が契約の重要な構成要素をなす。……それは価格に連動しており，その数量の不足は場合によっては契約の目的を実現不能にする。このようなものとして合意された数量については，売主は担保責任を負う。

■他人物の売主は目的物の所有権を取得して買主に移転する義務を負う。……売主がこれに失敗した場合には，買主は解除をなしうる。

TECHNICAL TERMS

内容決定の自由　財産権移転義務・代金支払義務　双務契約・片務契約　牽連性　約款　消費者契約法　付随義務　現実売買　果実収取権　利息(債権)　債務不履行　履行強制・損害賠償・解除　同時履行の抗弁　危険負担　履行上の牽連性・存続上の牽連性　引換給付　不安の抗弁　債権者主義・債務者主義　特定物・不特定物　特定　担保責任　瑕疵担保責任　他人物売買　追奪担保責任　隠れた瑕疵　数量指示売買　(瑕疵担保の)不特定物への適用　損害賠償の範囲　信頼利益・履行利益

REFERENCES

河上正二・約款規制の法理（有斐閣，1988）

柚木馨・売主瑕疵担保責任の研究（有斐閣，1963）

潮見佳男・契約規範の構造と展開（有斐閣，1991）

森田宏樹・契約責任の帰責構造（有斐閣，2002）

　最初のものは，約款規制に関するスタンダード・ワークで，契約条件としての約款の特殊性に着目したもの。ほかに，より制度的な観点に立つ石原全・約款法の基礎理論（有斐閣，1995），当事者の交渉力の差を直視する山本豊・不当条項規制と自己責任・契約正義（有斐閣，1997）。さらに，近年の約款研究においてパイオニア的な役割をはたした山下友信「普通保険約款論(1)〜(5・完)」法学協会雑誌 96 巻 9 号〜97 巻 3 号（1979-80），不当条項規制論の現状を示す大澤彩・不当条項規制の構造と展開（有斐閣，2010），武田直大・不当条項規制による契約の修正（弘文堂，2019）も参照。

　次のものは，瑕疵担保責任に関する論争において法定責任説を擁護した論者の大著。これに対して，本文中でもふれたように，五十嵐・北川・星野の各教授によって契約責任説が主張された。

　後の二つは，今日の契約責任論を代表する論者の論文集。ニュアンスの差はあるが，当事者の合意を重視しつつ，洗練された理論構成を展開している点では共通している。

■ UNIT 5　売買の解除——解除とは何か？

■参照条文■　540 条〜548 条・586 条・695 条

（催告による解除）

第 541 条　当事者の一方がその債務を履行しない場合において，相手方が相当の期間を定めてその履行の催告をし，その期間内に履行がないときは，相手方は，契約の解除をすることができる。ただし，その期間を経過した時における債務の不履行がその契約及び取引上の社会通念に照らして軽微であるときは，この限りでない。

（催告によらない解除）

第 542 条　①　次に掲げる場合には，債権者は，前条の催告をすることなく，直ちに契約の解除をすることができる。

一　債務の全部の履行が不能であるとき。

二　債務者がその債務の全部の履行を拒絶する意思を明確に表示したとき。

三　債務の一部の履行が不能である場合又は債務者がその債務の一部の履行を拒絶する意思を明確に表示した場合において，残存する部分のみでは契約をした

目的を達することができないとき。

　四　契約の性質又は当事者の意思表示により，特定の日時又は一定の期間内に履行をしなければ契約をした目的を達することができない場合において，債務者が履行をしないでその時期を経過したとき。

　五　前各号に掲げる場合のほか，債務者がその債務の履行をせず，債権者が前条の催告をしても契約をした目的を達するのに足りる履行がされる見込みがないことが明らかであるとき。

② 次に掲げる場合には，債権者は，前条の催告をすることなく，直ちに契約の一部の解除をすることができる。

　一　債務の一部の履行が不能であるとき。

　二　債務者がその債務の一部の履行を拒絶する意思を明確に表示したとき。

（履行遅滞等による解除権）

　旧第541条　当事者の一方がその債務を履行しない場合において，相手方が相当の期間を定めてその履行の催告をし，その期間内に履行がないときは，相手方は，契約の解除をすることができる。

（履行不能による解除権）

　旧第543条　履行の全部又は一部が不能となったときは，債権者は，契約の解除をすることができる。ただし，その債務の不履行が債務者の責めに帰することができない事由によるものであるときは，この限りでない。

（解除の効果）

第545条　①　当事者の一方がその解除権を行使したときは，各当事者は，その相手方を原状に復させる義務を負う。ただし，第三者の権利を害することはできない。

②　前項本文の場合において，金銭を返還するときは，その受領の時から利息を付さなければならない。

③　第１項本文の場合において，金銭以外の物を返還するときは，その受領の時以後に生じた果実をも返還しなければならない。

④　解除権の行使は，損害賠償の請求を妨げない。

第2節　売買の解除

　売買契約の効力に続いて，ここでは，売買契約の解除について説明する。まず，一般の解除について説明した上で（Ⅰ），特殊な解除についてもふれ

ることにしたい（Ⅱ）。

Ⅰ 一般の解除

解除に関する規定は契約総則に置かれている。しかし，これらの規定は実際には，売買に最もよくあてはまる規定であると言える。後で述べるように，無償契約については解除を論ずる意味はほとんどないし[1]，また，有償契約（双務契約と言ってもよい）であっても，賃貸借や委任などの解除に関しては，それぞれ固有の問題があり，総則の規定はそのままでは適用されない。

ところで，民法540条を見ると，解除権には，契約によるものと法律によるものとがあることがわかる。前者を「約定解除権」，後者を「法定解除権」と呼んでいる。このうち，主として問題になるのは法定解除権の方であり，ここで「一般の解除」と言っているのも，この法定解除権のことである。以下，法定解除権の要件，効果という順で説明し，最後に，双方にかかわる問題をとりあげて検討する。

1 解除の要件

解除権を法定する一般的な規定としては，民法541条～543条がある。これらの規定の定める解除の要件はどのようなものか，実体的要件と手続的要件に分けて見ていこう。

（1） 実体的要件

新541条本文は，一方の当事者に債務不履行がある場合に，他方当事者に解除権が発生するとしている。従来は，旧541条に続いて，旧542条が「定期行為」と呼ばれる債務の不履行の場合について，旧543条が履行不能の場合について，それぞれ旧541条の特則を定めていた。新法は，旧541条～543条を整理して，新541条で催告による解除につき定めた上で，新542条にその例外として催告によらない解除が可能な場合をまとめて規定することとした。いずれにしても，日本法は，債務不履行の場合には解除が可能であ

---

[1]　広中348-349頁を参照。

るとしているということになる。そこで，これらの規定の定める解除のことを「**不履行解除**」と呼ぶこともある。

◆　**不履行解除の類型**　　以上のように，解除の要件のポイントは「不履行」である。そこで，この点をもう少し考えてみよう。

まず，債務がその内容通りに履行されない場合には，それは不履行と評価されるのが原則である。541条本文はこの原則にかかわる規定である。履行遅滞（期日に引渡しをしない，代金を支払わない）の場合はもちろん，不完全履行と言われる場合（目的物の一部の引渡しがない，目的物に欠陥があった）もこの規定で処理される。なお，以前に述べたように（⇒UNIT 3/4 **Ⅱ 2**(1)），相手方が同時履行の抗弁を有する場合には，履行遅滞に陥っていることにならないので，解除の前提として，自己の債務の履行を提供することにより，この抗弁を失わせる必要がある。また，後述するように，催告を行う必要がある（**催告解除**）。

次に，例外とされている場合についてであるが，これについては，三つのケースを取り出して考える必要がある。第一は履行不能の場合である（新542条1項1号・3号。なお，売買の場合，履行不能は売主の債務についてしか問題とならない。金銭の支払義務は不能となることはないからである）。第二は，履行拒絶の場合である（新542条1項2号・3号）。そして第三は，定期行為の場合である（新542条1項4号）。これらの場合には，催告をせずに解除することができる（**無催告解除**）。このうち，第一と第三は旧542条・543条に対応する。第二は，従来，明文の規定はないが催告を要しないと解されていたもののうち要件化がしやすい履行拒絶の場合を取り出して規定を置いたものと位置づけることができる（要件化が難しいものについては新542条1項5号で対処される）。

◆　**かつての分類**　　かつての通説は，ドイツの学説に従い，不履行解除には，①履行遅滞，②履行不能，③不完全履行の3種があり，規定との関係で言うと，①は旧541条，②は旧543条に対応し，③には規定がないがこれも認められるとしていた。しかし，条文を素直に読むと，先に述べたように一元的にとらえるのが自然であった（次頁**図表5-1**)[1]）。

図表5-1 不履行解除の類型

かつての考え方		最近の考え方
履行遅滞による解除（旧541条）	⟶	一般の解除（新541条）
履行不能による解除（旧543条）	⟶	履行不能による解除
不完全履行による解除（なし）		（新542条1項1号・3号）

◆ **帰責事由の要否**　　実質的要件については一つ争われている点がある。それは，解除には債務者の帰責事由が必要かという点である。旧541条にその旨の規定がないにもかかわらず，この場合にも帰責事由が必要であるというのが，従来の一般的な考え方であった。しかし，国際取引法の分野で解除に帰責事由を要さないとする考え方が強くなったこともあって（具体的には，1980年の**ウィーン売買条約**などがこの考え方をとる），学説では，帰責事由を不要とする見解も有力であった。これを受けて，新法においては，帰責事由を要求しないことが明らかにされた。

ただし，不履行さえあれば解除を認めるのかと言うと，国際取引法においては，帰責事由に代わって，**重大な契約違反**という要件によって解除の可否を決すべきであるとされるようになってきている。この点については，後で改めてふれる（⇒**3**(1)）。

旧543条は，履行不能につき，債務者に帰責事由がある場合に，債務不履行となり解除権が発生するとしていた。これに対して，帰責事由のない（「責めに帰することができない事由」による）場合には，債務不履行とはならず，すでに説明した危険負担の法理によって処理されることとされていた（⇒UNIT 3/4 Ⅱ**2**(2)）。

┃ **債権者に帰責事由のある場合〔債権法改正〕**　　新法は，債務者に帰責事由が
┃ない場合にも解除を認めている。しかしながら，債権者に帰責事由がある場合
┃については解除を認めない（新543条）。契約不適合の場合の追完請求権・代金

　1）　このことをふまえた上で，三類型はそれなりに便利だという指摘もある（内田86-
　　87頁）。

┃ 減額請求権についても同様の規律がなされている（新 562 条 2 項・563 条 3 項）。┃

(2)　手続的要件[1]

不履行の状態が生じており実体的には解除の要件を満たしているとしても（たとえば，履行期が過ぎており履行遅滞に陥っている場合。なお，期限の到来については，民法 412 条を参照），それだけで解除ができるわけではない。

◆　催　告　　解除をするには，さらに，一定の手続をふむ必要があるのが原則である。それが「催告」という手続である。**催告**とは，相手方にある行為をすることを求めることだが，一定の期間を定めてその間に履行するように促した上でなければ解除はできないのである（民 541 条本文）。相手方には最後のチャンスが与えられると言ってもよい。このような手続をふんだ上で，相手方に対して解除の意思表示がなされると，それによって解除の効果が発生する（民 540 条）。取消権（⇒本シリーズ総則編）などと同様に，解除権は形成権であるわけである。

┃　**形成権とは何か**　　一方的な意思表示のみによって効果が発生する場合に，そのような意思表示を行いうる地位を「**形成権**」と呼んでいる。本文で述べたように，解除権や取消権はその例であるとされるが，本書で扱ったものでは，予約完結権（⇒UNIT 2 Ⅲ**2**(1)）もこれにあたる。

なお，この規定の趣旨は，相手方に一定期間の猶予を与えるということであるから，実際に猶予が与えられればそれでよい。相当の期間を定めずに催告をしたとしても，解除の意思表示までの間に，事実として相当の期間が置かれていれば，それで解除は有効となる（最判昭 31・12・6 民集 10-12-1527〈24〉を参照）。

以上が原則であるが，例外的に，催告が不要な場合がある（新 542 条）。履行不能や明確な履行拒絶の場合には，催告をしても相手方が履行することは

---

1)　新たな視点から，この点を検討するものとして，森田修「解除の行使方法と債務転形論(1)～(3・完)」法学協会雑誌 116 巻 7～9 号（1999）。

ありえないからである。一定の日時・期間内に履行しないのは履行遅滞であるが，その日時・期間内に履行されないと契約目的が達成されないという場合（**定期行為**の場合。たとえば，クリスマス・ケーキの配達，ウェディング・ドレスのレンタルなど）には，後から履行しても債務を履行したことにならない。つまり，この場合には，履行遅滞によって履行不能になったということになる。それゆえ，やはり催告なしで解除が認められているのである。

◆　その他の問題　　他に，民法540条2項，544条，547条についても，ここでふれておこう。

540条2項は，いったんなされた解除の意思表示は撤回できないとする規定である。相手方の地位を不安定なものにしないように，というのがその趣旨である。

544条は，契約当事者が複数である場合（たとえば，売主・買主の一方または双方が複数である場合），解除権の行使は全員から全員に対してなされなければならないという規定である。これを**解除権の不可分性**などと呼んでいる。**当事者の複数性**という一般化された形で議論する必要があるかもしれない問題である（たとえば，無権代理の追認権は不可分であるとする判例などもあわせて検討を要するところである。⇒本シリーズ総則編）。

547条は，解除権の行使に期間の定めがない場合（法定解除の場合の多くはそうだろう），相手方は相当の期間を定めて解除権の行使をするかどうかを答えるように催告することができるとする規定である。同じく「催告」と言っても541条のそれとは趣旨が異なるので注意（むしろ，20条・114条の催告権と比較してほしい）。なお，これに関連する判例として，最判昭30・11・22民集9-12-1781〈29〉がある。「権利失効の原則」にかかわるものである（⇒本シリーズ総則編）。

2　解除の効果

解除の効果に関する規定は，民法545条・546条である。このうち，最も中心的な規定は545条である。そこには，当事者間での効力（1項本文・2項～4項）のほか，対第三者の効力に関しても定められている（1項ただし書）。順に見てみよう。

（1）当事者間

当事者間の効力として，とりわけ重要なのは次の 2 点であろう。

◆　**原状回復義務**　第一に，解除後は，当事者は，相互の債務について契約がなかった状態に戻す義務を負う（**原状回復義務**と呼ばれる。民 545 条 1 項）。具体的にどうなるかは，未履行債務と履行済みの債務とに分けて考える必要がある。前者については当該債務は消滅することになる。後者についてはその債務の履行として受け取ったものや利益を返還しなければならない。たとえば，売主は代金を，買主は目的物を，それぞれ相手方に返す必要がある。

その返し方については，545 条 2 項（新法は 3 項を新設。返還すべき金銭には利息を付し，金銭以外の物には果実を付す）や 546 条（双方の義務は同時履行となる）など若干の規定が置かれているが，これだけでは十分でない。その他の点も含めて，この問題については，不当利得のところで扱うことにしよう（⇒本シリーズ不法行為編）。なお，故意・過失により目的物を現物で返還できなくなった者は解除権を行使することができなくなることをつけ加えておこう（新 548 条。なお，従来，問題点が指摘されていた旧 548 条 2 項は，新法では削除）[1]。

◆　**損害賠償義務**　第二に，解除の効果そのものではないが，解除とあわせて損害賠償を請求することも可能とされている（新 545 条 4 項〔旧 545 条 3 項〕）。これは比較法的に見て普遍的な規定というわけではない（ドイツでは規定上は解除か損害賠償の一方を選択する）。

この点に関連して，次のような問題が，古くから争われている。それは，解除による損害賠償は，信頼利益に限られるのか履行利益をとれるのかという問題である（瑕疵担保のところでもふれた。⇒UNIT 3/4 Ⅲ **2**(4)）。どちらの考え方をとるかは，解除の法的性質の理解と関係する。もし，解除が契約をなかったものとする制度ならば，損害賠償は認められないか信頼利益に限られることになるが，解除を債務不履行救済の一方法として位置づけるならば，

---

1)　内田 98 頁参照。

解除＋損害賠償で履行利益の実現をはかるのは正当なことであるということになるからである。

　現在の支配的な考え方は，履行利益の賠償を認めるというものであるが，同時に，解除は当事者を契約から解放する制度として理解されているように思われる。そうだとすると，そこには，解消すべき（少なくとも調整すべき）ねじれ・矛盾があることにならないか。解除とはいかなる制度なのか，一層の立ち入った検討が必要だろう。

（2）　対 第 三 者

　民法545条1項ただし書は第三者保護の規定であるが，「第三者の権利を害することはできない」とは具体的にはどのようなことを意味しているのだろうか。この点をはっきりさせるために，取消しの場合の第三者保護と比較しつつ（⇒本シリーズ総則編），解除の場合の取扱いを見てみよう（図表5-2）。

図表 5-2　取消し・解除と第三者保護

X ─→ Y ─→ Z　　├──────────┼──────────→
　　　　　　　　　契約時　　　　解除時（取消時）

①取消しの場合（判例）：取消前 ──→ 96条3項で善意無過失の第三者のみ保護
　　　　　　　　　　　　取消後 ──→ 対抗問題
②解除の場合（判例）　：解除前 ──→ 545条1項ただし書で第三者保護
　　　　　　　　　　　　解除後 ──→ 対抗問題

　このように，解除ないし取消し以前に現れた第三者については，主観的態様に差異があるが，これは，詐欺・強迫にあった者は，解除をする者に比べて，保護の必要性が高いことの反映であると見ることができるだろう。ただし，解除前の第三者は登記を備えることが必要であるとされていることは注意を要する。

▌　**解除の法律構成**[1]　　解除の法律構成に関しては，解除には遡及効があるとす　▌

1）　北村実「解除の効果」民法講座5。なお，近年は，このような議論の必要はないとする見解も有力である（鈴木161-162頁。内田102頁など）。

るもの（直接効果説と呼ばれる）と解除には遡及効があるわけではなく将来に
向けて契約がなかった状態を作り出すものであるとするもの（間接効果説と呼
ばれる）とがある。遡及効を認めないならば，無権利者の第三者を保護する規
定を置く必要はないことになりそうだが，第三者保護のあり方は，解除（ある
いは取消し）の法律構成から必然的に決まるわけではない（「取消しと登記」に
関する学説の議論を参照。⇒本シリーズ総則編）。

③　契約の構造化と解除

　以上の議論は，債務不履行があれば契約は解除されるという前提での議論
である。単純な契約についてはこれでよいが，現代における契約は複雑化し，
一定の構造を持つようになっている。そのため，このような議論だけでは片
づかない問題が提起されている。以下，要件・効果のそれぞれについて，新
たな問題につき簡単にふれておきたい。

（1）　要素たる債務

　債務不履行があった以上は，必ず契約は解除されるのだろうか。従来は民
法の規定上そうであるように見えた（旧541条・543条）。しかし，これと異
なる考え方もありうる（担保責任の場合の解除の要件として旧566条1項が掲げて
いる「目的を達することができないとき」⇒UNIT 3/4 Ⅲ②(2)，外国法における「重
大な契約違反」⇒①(1)）。

　実は，このような制限は日本法における一般の解除についてもありうる。
以前に，契約からは中心的な義務のほかに，信義則を媒介に付随義務が発生
すると述べたが（⇒UNIT 3/4 Ⅰ②(2)），通常の場合，付随義務違反によって
は解除権は発生しないと考えられている。たとえば，購入した家具の配達の
際に，売主の側が買主の家具に軽微なきずをつけたという場合，確かにこれ
は付随義務違反であり，買主は損害賠償請求をなしうることになる。しかし，
この場合に，もともとの売買契約を解除できるということにはならない。付
随義務違反があっても契約本体の目的は達成されているからである。

　さらに，契約から生ずる様々な債務のうち，中心的なものの不履行だけが，
解除権を発生させるという考え方を判例はとっている。しかも，最近になっ
てそう解されるようになったというわけではなく，かなり前から判例はこの

考え方をとっているのである。たとえば，大判昭 13・9・30 民集 17-1775 は，「要素たる代金債務」という表現によって，このことを示していた（事案は，売買契約で公租公課の支払などが未了になっていたというもの）。最近でも，最判平 8・11・12 民集 50-10-2673［44］〈28〉は，この表現を用いている。「重大な契約違反」の法理は日本法にも存在するのである。

　そこで，債権法改正においては，当初，学者グループから「重大な契約違反」の法理の導入が提案された[1]。しかしながら「重大な契約違反」の概念があいまいであるとの批判もあり，新法においては，**軽微な不履行**については解除を認めないという規定が設けられることになった（新 541 条ただし書）。

(2)　解除の範囲

　一個の契約から複数の債務が発生する場合には，その契約は複数の部分に分割してとらえることもできる。そうなると，解除の効果は必ず契約の全部に及ぶのかという問題を提起することが可能になる。**一部解除**はありうるのかということである。これとは逆に，ある取引が，複数の契約によって構成されているという場合，一個の契約につき生じた債務不履行は，原則として（＝要素たる債務である限り）当該契約の解除をもたらす。しかし，それだけではなく，これと密接な関連を有する別の契約の解除をも可能にすることはないか。まとめて言えば，解除権を行使した場合，それによって契約の効力が失われる範囲はどこまでかという問題があるのである。

　類似の問題は，無効（さらに取消し）に関しては以前から知られていた（⇒本シリーズ総則編）。日本民法はドイツ法のように一部無効に関する規定は持っていないが，一部無効が認められることに異論はない。判例も数多い。また，密接不可分な関係にある二つの契約のうちの一方が無効ならば他方も無効となるという処理も，一定の場合には認められている。最も著名な例は，いわゆる芸娼妓契約において，稼働契約が無効とされるのみならず，それと連動した消費貸借契約もまた無効とされるというものである（最判昭 30・10・7 民集 9-11-1616）。

---

1)　民法（債権法）改正検討委員会編・詳解・債権法改正の基本方針 II（商事法務，2009）293 頁以下。

では，解除に関してはどうだろうか。一部解除に関しては旧543条が「履行の全部又は一部」と定めていたのが手がかりとなる。一部不能でもそれによって契約目的が達せられなくなる場合には，契約全体の解除が認められると解すべきだろう。しかし，残部のみでもなお意味がある場合に，この部分まで解除を認める必要はないだろう。解除の範囲は縮小されるべきである。以上は，履行遅滞などの場合にも同様である。この点につき，新法では，規定を設けて，これを認めることを明らかにした（新542条2項。もっとも，中間試案第5の1法律行為の一部無効は，立法化には至らなかった⑪。⇒本シリーズ総則編）。

　反対に，解除の範囲を拡大すべき場合はないか。この問題を扱ったのが，すでに引用した最判平8・11・12である。このケースでは，マンション本体の売買契約と同マンションに附属して設置されたリゾート・クラブへの入会契約が，別個の契約とされていたが，リゾート・クラブの施設として予定された屋内プールが設置されなかったために，買主は同クラブへの入会契約のみならずマンションの売買契約をも解除した。最高裁は，プールの不設置を要素たる債務の不履行であるとしてクラブ入会契約の解除を認めただけでなく，この契約の前提となっているマンションの売買契約自体の解除も認めている。その理由はやはり二つの契約の**密接関連性**に求められている。この点についても，債権法改正においては明文化が試みられたが（中間試案第11の2複数契約の解除），やはり実現には至らなかった⑪。

　ところで，解除の範囲の縮小と拡大とは，連続的な関係にあるということに注意する必要がある。一部不能が問題になるケースにおいては，不能部分と可能部分とを二つの契約として観念することが可能ならば，不能による解除は可能部分には及ばないのは当然ということになる。むしろ，可能部分の解除を導くためには，密接関連性を持ち出す必要があることになる。逆に，リゾート・クラブのケースでは，判例は，二つの契約が別々のものであるという前提から出発したため，解除の範囲の拡張が必要になった。もし，あわせて一つの契約だと考えれば，特別な議論は不要であり，むしろ解除の範囲をクラブ入会契約部分のみに限るために，一部解除を用いることになる。このように，解除の範囲をコントロールするのに必要な理屈は，何を一個の契約と観念するかに依存しているのである（次頁**図表 5-3**）。

図表 5-3 解除の範囲

◆ 一個の契約に一個の債務
　　債務の不履行 ―――――→ 契約の解除

◆ 一個の契約に複数の債務
　　債務の不履行 ―――――→ 契約の解除
　　　どの債務の不履行か？　　どの部分の解除か？
　　　（要素たる債務か否か？）　（全部解除か一部解除か？）

Ⅱ　特殊な解除

　当事者に債務不履行があった場合に認められる解除が法定解除であったが，それ以外にも解除が認められる場合がある。一つは約定解除であるが，もう一つ，事情変更の原則による解除というものもありうる。

1　合意による解除

　民法540条は法定解除（不履行解除）権のほかに，約定解除（当事者の事前の合意による解除）権の発生を認めている。予め契約において，一定の場合には解除権が発生することを決めておけば（解除権留保条項），それによって解除権が発生するというわけである。一定の事実が生じたらそれだけで契約は解除されるとしておくと，これは解除条件をつけたということになる。また，法定解除権について，そのルールを修正する合意も可能である。たとえば，催告を不要とする合意など（無催告解除条項）も原則としては有効である。

　なお，事前の合意によってではなく，事後の合意によって契約を解除することも可能である。これを「**合意解除**」と呼んでいる（**図表 5-4**）。これは新しい契約にほかならない（ただし，前の契約を前提としてはいる。前の契約を解除する契約）。このような契約は当事者間においては自由になしうるわけだが，この契約の効力は第三者には対抗できない。たとえば，土地の賃貸人Ａと賃借人Ｂとが賃貸借契約を合意解除しても，賃借人Ｂの所有する地上建物の賃借人Ｃに対して，この解除を対抗することはできないので，Ｃに対する明渡請求は認められない（最判昭38・2・21民集17-1-219〈66〉）。

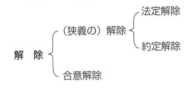

図表 5-4　合意解除の位置づけ

2　事情変更の原則による解除

　いったん成立した契約は，相手方に債務不履行があったか，事前に約定の解除権を留保していたのでない限り，一方的に解除することはできない。しかし，これらのほかに，法律に書かれざる解除権を認めるべきかどうかが争われている（**図表 5-5**）。具体的には，契約の締結時と履行時とで，当該契約をとりまく状況が大きく変わってしまい，そのまま債務を実現させるのが適当とは言えないような場合に，解除権を認めることはできないかという問題が，以前から議論の対象となってきた。これは激しいインフレなどの場合に特に問題になる。たとえば，ある価格で石油製品の販売契約を締結したが，オイルショックで石油原価が高騰したという場合，当初に決めた価格ではとても履行できないということが生じうる。そのような場合，売主に解除権を認めて，契約の拘束から解放しようという例があげられる。

図表 5-5　事情変更の原則による解除の位置づけ

	当事者の合意	債務の不履行	明文の規定
法定解除	×	○	○
約定解除	○	×	○
事情変更解除	×	×	×

　日本でも 1920 年代に，勝本正晃によってこの考え方が導入され，「**事情変更の原則**」と呼ばれた。そして，判例もまた，一般論としてこれを認めた（大判昭 19・12・6 民集 23-613〈12〉）。この判決では，明文の根拠がないので，信義則が援用されている。ただし，戦後は解除肯定例は少ない。最判平 9・

7・1民集51-6-2452 [40]〈14〉も解除を否定した（事案は，大規模な斜面崩壊のためゴルフ場開設に不測の費用を要したとして，その経営者が会員に対して追加預託金の支払を求める際に事情変更の原則が援用されたもの。ゴルフ会員権契約については⇒UNIT 10 **Ⅱ** _**Ⅰ**_(2)）。なお，効果としては，解除以外に**契約の改訂**ということも考えられる。先ほどの例で言えば，妥当な額に価格を修正して契約を維持するということである。神戸地伊丹支判昭63・12・26判時1319-139〈13〉は下級審判決であるが，このような効果を認めたものとして注目される（事案は，オイルショックなどによる不動産価格高騰に関するもの）。ただし，契約の改訂に関しては，そのようなことを行う権限が裁判官にあるかという大問題がある。

　債権法改正においては，事情変更の原則の明文化は，少なくとも中間試案までは検討課題に掲げられていた（中間試案第32事情変更の法理）。しかし，これもまた実現には至らなかった⑪。例外的な法理を明文化することによって濫用の可能性が高まるというのが，その理由であった。この理由は，債権法改正において実現しなかった諸提案に対する反対理由としてしばしばあげられたものであるが，事情変更の原則はこの理由づけが強調された典型例であった（ちなみに，この理由づけはすべての例外規定の立法にあてはまるため，これを文字通りに受けとめると例外規定は置けないことになるので，それ自体としては意味をなさない。背後に隠された実質的理由は何であったのかを検証する必要がある）。

　成文化された事情変更の原則　　特別法の中には，事情変更の原則と同様の考え方に立って，これを具体化する規定を置いているものがある。本書で扱う範囲では，賃料増減請求権（借地借家11条・32条）がその例である（小作料についても同旨の規定が置かれている〔農地20条参照〕）。ほかには，身元保証人の責任に関する規定（身元保証5条）がよく知られているが，これについては本シリーズ担保編で説明する。

第3節　売買類似の契約──交換と和解

最後に，売買類似の契約について，簡単に説明しておきたい。

Ⅰ　交　　換

まず，**交換**である（民586条）。交換は権利移転型契約の原型である。歴史的には，まず，物々交換があり，そこから，売買が生まれてきたのであるが，今日では，交換はマージナルな存在となり，売買が重要な類型になっている。ただし，今日でも交換はなくなってしまったわけではない。ＡとＢとがそれぞれの有する土地を交換するといったことは，時には起こりうることだろう。

なお，マンションなどを建てるときに，地主から土地を提供してもらい，その価格に見合ったスペースを提供するという**等価交換方式**が用いられることがあるが，これが厳密な意味での交換であるのかどうかは，検討を要するところである。

Ⅱ　和　　解

次に，**和解**についてもここで一言しておこう。和解は，紛争を終結させるための契約であるが（民695条），和解であると言うためには「互いに譲歩」が必要である。一方がある部分を譲り，他方がある部分を譲る。つまり，双方が何らかの権利・利益を放棄しあって（交換して），紛争を終結させるというのが和解である。たとえば，ＡがＢに1000万円を渡した。これにつき，Ａは「貸した」，Ｂは「もらった」と言っていたが，500万円を返すということで和解した場合，Ａは500万円分の貸金債権の主張を放棄，Ｂは借金ゼロの主張を放棄して500万円までは認める，という互譲が行われていることになる。そうであるとすると，そこには，「一種の交換」があると見ることができるだろう。ただ，これはあくまでも「一種の交換」であり，交換その

ものではない。しかし，以上の説明から，和解は有償契約であると言える。

　　和解と錯誤　　最判昭43・3・15民集22-3-587［104］〈104〉の事案は，交通事故の被害者Aと加害者側Y社とが，交通事故後9日目でまだAの入院中に示談を行ったというものであった。しかし，示談後に，本件事故による傷は当初の予想よりもずっと重いものであることが明らかになった。最高裁は，示談は示談当時に予想していた損害についてのものであると解すべきだとし，不測の再手術や後遺症などの発生といった場合にまで，損害賠償請求権を放棄した趣旨ではないとした。したがって，それらは和解の対象となっていないというわけである。これとは別に，後遺症は和解の対象になっているが，当事者に錯誤があったとして和解無効の主張を認めた判決も存在する。債権法改正においては，これらの点につきルールを明確化することが試みられたが（中間試案第46和解），実現には至らなかった⑪。

MAIN QUESTION

解除とは何か？

KEY SENTENCES

■解除に関する規定は契約総則に置かれている。しかし，これらの規定は実際には，売買に最もよくあてはまる規定である。

■相手方が同時履行の抗弁を有する場合には，履行遅滞に陥っていることにならないので，解除の前提として，自己の債務の履行を提供することにより，この抗弁を失わせる必要がある。

■解除をするには，さらに，一定の手続をふむ必要があるのが原則である。それが「催告」という手続である。……相手方には最後のチャンスが与えられると言ってもよい。

■解除後は，当事者は，相互の債務について契約がなかった状態に戻す義務を負う。

■契約から生ずる様々な債務のうち，中心的なものの不履行だけが，解除権を発生させる。

■一部不能でもそれによって契約目的が達せられなくなる場合には，契約全体の解除が認められる。……しかし，残部のみでもなお意味がある場合に，この部分まで解除を認める必要はない。

TECHNICAL TERMS

不履行解除　催告解除・無催告解除　ウィーン売買条約　重大な契約違反　催告　形成権　定期行為　解除権の不可分性　当事者の複数性　原状回復義務　軽微な不履行　一部解除　密接関連性　合意解除　事情変更の原則　契約の改訂　交換　等価交換方式　和解

REFERENCES

勝本正晃・民法に於ける事情変更の原則（有斐閣，1926）

五十嵐清・契約と事情変更（有斐閣，1969）

　事情変更の原則に関する研究として，それぞれ戦前・戦後を代表する労作。最近では，より若い世代を中心に，さらに進んで再交渉義務なども含む研究が進められつつある（石川博康・再交渉義務の理論〔有斐閣，2011〕，吉政知広・

事情変更法理と契約規範〔有斐閣，2014〕など）。

第2章 財貨非移転型の契約

■UNIT 6/7 賃貸借——借地借家の特殊性はどこにあるのか？

■参照条文■ 601条～622条の2，265条～279条，借地借家法

（賃貸借）

第601条 賃貸借は，当事者の一方がある物の使用及び収益を相手方にさせるこ
とを約し，相手方がこれに対してその賃料を支払うこと及び引渡しを受けた物を
契約が終了したときに返還することを約することによって，その効力を生ずる。

（不動産賃貸借の対抗力）

第605条 不動産の賃貸借は，これを登記したときは，その不動産について物権
を取得した者その他の第三者に対抗することができる。

（不動産の賃貸人たる地位の移転）

第605条の2 ① 前条，借地借家法（平成3年法律第90号）第10条又は
第31条その他の法令の規定による賃貸借の対抗要件を備えた場合において，そ
の不動産が譲渡されたときは，その不動産の賃貸人たる地位は，その譲受人に移
転する。

② 前項の規定にかかわらず，不動産の譲渡人及び譲受人が，賃貸人たる地位を譲
渡人に留保する旨及びその不動産を譲受人が譲渡人に賃貸する旨の合意をしたと
きは，賃貸人たる地位は，譲受人に移転しない。この場合において，譲渡人と譲
受人又はその承継人との間の賃貸借が終了したときは，譲渡人に留保されていた
賃貸人たる地位は，譲受人又はその承継人に移転する。

③ 第1項又は前項後段の規定による賃貸人たる地位の移転は，賃貸物である不
動産について所有権の移転の登記をしなければ，賃借人に対抗することができな
い。

④ 第1項又は第2項後段の規定により賃貸人たる地位が譲受人又はその承継人
に移転したときは，第608条の規定による費用の償還に係る債務及び第622
条の2第1項の規定による同項に規定する敷金の返還に係る債務は，譲受人又
はその承継人が承継する。

（賃借権の譲渡及び転貸の制限）

第612条 ① 賃借人は，賃貸人の承諾を得なければ，その賃借権を譲り渡し，

又は賃借物を転貸することができない。

② 賃借人が前項の規定に違反して第三者に賃借物の使用又は収益をさせたときは，賃貸人は，契約の解除をすることができる。

第622条の2 ① 賃貸人は，敷金（いかなる名目によるかを問わず，賃料債務その他の賃貸借に基づいて生ずる賃借人の賃貸人に対する金銭の給付を目的とする債務を担保する目的で，賃借人が賃貸人に交付する金銭をいう。以下この条において同じ。）を受け取っている場合において，次に掲げるときは，賃借人に対し，その受け取った敷金の額から賃貸借に基づいて生じた賃借人の賃貸人に対する金銭の給付を目的とする債務の額を控除した残額を返還しなければならない。

一 賃貸借が終了し，かつ，賃貸物の返還を受けたとき。

二 賃借人が適法に賃借権を譲り渡したとき。

② 賃貸人は，賃借人が賃貸借に基づいて生じた金銭の給付を目的とする債務を履行しないときは，敷金をその債務の弁済に充てることができる。この場合において，賃借人は，賃貸人に対し，敷金をその債務の弁済に充てることを請求することができない。

第1節　使用型の契約：賃貸借

第1章では，財貨移転型契約について，特に，売買について説明をしてきた。**第2章**では，財貨非移転型契約について見ていくことにしたい。

ここで言う財貨非移転型契約とは，有償・取引型の契約であるという点では財貨移転型契約と同じであるが，簡単に言えば，「譲る」のではなく「貸す」契約のことである。もっとも，「貸す」と言っても「何を」貸すかによって，分けて考える必要がある。すでに説明したように（⇒6頁の「内容関連図」），本書では，「使用型」「信用型」「役務型」の三つに分けているが，これは，それぞれ，「物を貸す」「金を貸す」そして「手を貸す」というものである。

このような三つのタイプの契約のうち，まず，使用型から検討を始めたい。具体的には，賃貸借契約について述べることになる。賃貸借の成立（**II**）・効力（**III**）といった基本的な部分からスタートして，賃貸借の終了（**IV**），第

三者との関係（**V**）といった賃貸借に特徴的な部分に進む。なお，これら本論部分の前後に，賃貸借とは何かという序論的な説明（**I**）と，借地借家法に関する補足的な説明を加えておく必要がある（**Ⅵ**）。

I　賃貸借の意義

1　賃借権とその他の権利

　一口に「物を借りる」と言っても，「何を」借りるか，また，「どのような条件で」借りるか，によって契約関係は異なってくる。まず，目的物については，動産を借りるのか不動産を借りるのかで大きな違いが生じる。動産の貸借は，かつてはそれほど重要ではなかったが，最近では，リース，レンタルなどと呼ばれ，かなり重要なものになってきている。ただし，そのうちの**リース**は信用供与の手段として用いられることが多いので（ファイナンス・リースと呼ばれる），これについては，信用型契約のところで一言する（⇒UNIT 8 **Ⅱ** **2**）。その他の動産賃貸借（いわゆるレンタル）についても，あわせてそこで簡単にふれることにしたい。

◆　**賃借権と地上権・永小作権**

不動産の貸借については，二つの手段があることに注意してほしい。一つは賃貸借契約であり，これがこれからの主題である。賃貸借契約によれば，土地も建物も借りることができる。もう一つ，土地については，地上権・永小作権を設定するという方法も可能である。

　地上権とは工作物（建物）を建てるために土地に設定される権利（民265条），**永小作権**とは耕作・牧畜のために土地に設定される権利（民270条）である。いずれも物権（用益物権）であるので，①第三者への譲渡が可能であり（民272条。譲渡可能性を当然の前提とした上で設定行為による制限をするための規定），また，②登記をすれば第三者に対抗可能な強力な権利である（民177条）[1]。さらに，③権利の存続期間も長くなっている（民278条。民268条2項

1）　不動産登記法3条2号・3号も参照。

も参照）。これに対して，賃貸借契約によって土地を使用する権利（**賃借権**）は，債権であるとされており，①自由に譲渡・転貸することはできず（民612条），②対抗力も当然には与えられていない（民605条），さらに，③存続期間も短い（旧604条。20年を最長としていた。ただし，新604条は，定期借地権を考慮に入れて，50年を最長としている。借地借家22条参照）。

　民法典の起草者は，長期（20年以上）の貸借は物権たる地上権・永小作権で，中期（20年以下）の貸借は債権たる賃借権で，それぞれ行えばよいと考えていたようであるが，実際には，地主の側が強力な権利である地上権・永小作権を嫌ったために，ほとんどの貸借は賃貸借契約によって行われることとなった。そうなると，先に述べた三つの点（①〜③）で，賃借人は不利な地位に置かれることになる。そこで，不動産賃貸借については（建物賃貸借も含めて），賃借人の権利を保護するための措置が，判例や特別法（借地借家法・農地法）によってとられることになった。その結果，今日では，不動産賃貸借法は，民法典の規定からはかなり離れた内容を持つに至っている[1]。

　以上に述べた賃借権と地上権・永小作権の相違をまとめて示しておこう（次頁**図表6/7-1**，**図表6/7-2**）。

◆　無償の貸借・
　　非排他的な貸借

以上につき2点を補っておこう。

　第一に，タダで物を借りるということも可能である。これは**使用貸借**と呼ばれるが，これについては，好意型の契約として，贈与などとあわせて後に検討したい（⇒UNIT 11 **Ⅱ１**(2)）。

　第二に，土地の使用を目的とする用益物権には，地上権・永小作権のほかに，地役権，入会権がある。**地役権**とは，他人の土地を自己の土地の便益のために使う権利である（民280条）。たとえば，通行地役権などが代表的な例である。相隣関係にもとづく**隣地通行権**（民210条）が法定の権利でありミニマムの内容しか持たないのに対して，通行地役権は約定によって設定される物権であり，その内容は公序に反しない限り自由に決めることができる

---

1)　借地借家法につき，星野英一・借地・借家法（有斐閣，1969），農地法につき，加藤一郎・農業法（有斐閣，1985）が詳しい。

図表 6/7-1　賃借権と地上権・永小作権①（効力の対比）

	①譲渡可能性	②対抗力	③存続期間
地上権・永小作権	原則あり	あり	長い
賃借権	原則なし	なし＊	短い

＊賃借権も登記を備えれば対抗力を有するが，賃貸人の協力が必要。

図表 6/7-2　賃借権と地上権・永小作権②（対象ごとの整理）

	動 産	不 動 産		
		建 物	土地（宅地）	土地（農地）
物　権	――――	――――	地上権	永小作権
債　権	賃借権（リース等）	賃借権	賃借権	賃借権

借地借家法　　　　　農地法

（⇒本シリーズ総則編）。**入会権**とは慣習的なもので，村（集落）の人々が山に入って薪を拾ったり草を刈ったりする権利である。山の所有権が村にある場合には共有に準じて（民 263 条），村にない場合には地役権に準じて（民 294 条）扱うが，まず慣習が適用される（入会慣行は，かつて法社会学者が好んで研究したテーマであった）。今日では，入会権は変容・消滅する傾向にある。

②　不動産賃貸借法の発展

　先ほど述べたように，不動産賃貸借法は判例・特別法によって大きな変容を受けている。その内容については，Ⅱ以下の本論で述べるが，その前に，不動産賃貸借法の発展の様子について，ごく簡単に概観しておくことにしよう。

　旧民法典は起草者ボワソナードの考え方を反映して賃借権を物権としていたが，これには反対が強く，現行民法典は賃借権の効力を非常に弱いものとした。これは，当時の地主と小作人，家主と店子などの関係を反映したものであったと言えよう。

◆　借　地　借　家

しかし，19 世紀末から 20 世紀初めにかけての資本主義の発達に伴う地価上昇を背景に，地主がその土地所有権を第三者に譲渡するという形式を用いて賃借人の追い出しをはかるという事態が発生するようになった。もちろん，賃借権の登記をしていれば，賃借人は土地の譲受人に対しても権利を主張することができるが，賃借権登記には地主の同意が必要とされたため，多くの場合には登記をすることはできなかった。そうなると，賃借人は譲受人の明渡請求に屈するほかないことになる（「売買は賃貸借を破る」）。そこで，1909（明治 42）年に (旧) **建物保護法**が制定されて，借地上の建物の登記（建物所有者が単独でできる）がなされていれば，その建物の敷地の賃借権は対抗力を持つとされた。これは大きな進歩であった。しかし，この法律によっては，期間満了の場合の明渡しを阻止することはできなかった。

　第 1 次大戦の前後から都市への労働力流入が盛んになり，借家の需要が増えたため，建物賃借権の保護が大きな問題となった。そこで，借地の期間の問題への対応とあわせて，1921（大正 10）年に (旧) **借地法・借家法**が制定されることとなった。

　さらに，第 2 次大戦後には深刻な住宅難がやってきた。1 軒の家に何組もの家族が住む，高額な家賃がなかなか払えない，といったことが大きな問題となった。そこで，譲渡・転貸や賃料不払を理由とする家主からの解除を制限する判例理論が展開されることになった。このような賃借権強化の動きは，「賃借権の物権化」こそが近代所有法の発展の方向であるとする一部の学説によって強く支持された。

◆　農　　　地

農地についても，第 2 次大戦前には様々な問題が存在した。そのため，長年にわたって小作法の制定が検討されたが，ついに実現には至らなかった。しかし，占領改革のプロセスの中で，(旧) **自作農創設特別措置法**が制定されて農地改革が断行された。そして，現在では，農地賃貸借については**農地法**によって規制が加えられるに至っている。ただし，戦前に比べて小作が激減したために，農地賃貸借の社会的な重要性は乏しくなった。

　以上，比較的最近までの不動産賃貸借法の歴史を見てきたが，**賃借権の強**

化は大きな流れであったと言うことができる。ただし，1990年代に入ってからは反対の流れも生じてはいるが，これについてはⅥで述べることにしよう。

　以上の概観を前提に，以下，具体的な問題のそれぞれについて，見ていくことにしたい。なお，その際，農地賃貸借については省略し，借地借家のみをとりあげることにする。

Ⅱ　賃貸借の成立

　賃貸借契約の成立には，「使用・収益をさせる」という点と「賃料を支払う」「（契約終了時に目的物を）返還する」という点につき合意があればよい（新601条）。売買契約同様，賃貸借契約も諾成契約であり，契約書の作成や物の交付は必要ではない。しかし，実際には，契約時に，契約書が作られる，あるいは，ある種の金銭の授受がなされるのが普通である。

1　契約書の作成

　日本法では，賃貸借は諾成契約とされているが，これは，比較法的にはめずらしいものである。しかし，このような規律になっているのは，必ずしも日本人の契約意識が高かったためではない。すなわち，口頭の約束でも約束は約束だから守らなければならない，という意識が支配的であったわけではない（そのような意識は一部の階層には存在したけれども）。そうではなく，賃貸借について契約書を交わすような他人行儀なことは好まれなかったというのが実態であると言えよう。「大家といえば親も同然」という表現もあるように，賃貸借は，疑似的な親子関係であるかのような支配―服従の関係であり，当事者の権利義務を明らかにするという発想は弱かったのである。

　だが，今日では，ほとんどの場合，賃貸借契約の成立には契約書の作成が伴う。日用品の売買などとは異なり，賃料の額はかなり高額になる。また，売買のように取引の場で直ちに履行が済んでしまうのではなく，当事者の関係は継続的なものとなる。それゆえ，契約書を交わして，両当事者の権利義務を明らかにしておくのは重要なことである。また，今日では，不動産業者

の仲介による契約が増えていることも，契約書作成を推し進める要因となっている（次頁以下に掲げるのは，実際に用いられている賃貸借契約書の様式のサンプルだが，その内容はかなり詳しいものである。なお，次頁以下は契約書の様式の一部であり，その全体は巻末に〔資料〕として掲げてある）。

② 金銭の授受

不動産賃貸借の成立に際しては，敷金・権利金と呼ばれる金銭が，賃借人から賃貸人に対して渡されるのが普通である。これらは契約成立の要件ではないし，手付のようなものでもない。次に，これらの金銭の性格について見ておこう。

◆　敷　金　　**敷金**とは，賃料債務など賃借人が負う債務の担保のために，賃借人から賃貸人へ交付される金銭である（新 622 条の 2 第 1 項）。したがって，賃貸人は賃借人に未払債務があればこれを控除することができるが（同条 2 項），賃貸借契約終了・目的物返還時に，残額を賃借人に返還しなければならない。敷金がカバーする債務の範囲については判例がある。最判昭 48・2・2 民集 27-1-80〈77〉は，賃貸借終了後明渡し時までに生じた一切の債務を控除の対象とすることができるとしている。ただし，終了後明渡し前に所有者が変わった場合，敷金は新所有者に承継されないとしている。これに対して，後述するように新所有者が賃貸人たる地位を承継する場合には，敷金も承継される（最判昭 44・7・17 民集 23-8-1610。新 605 条の 2 第 4 項）。逆に，賃貸人の承諾を得て賃借人が交代する場合には，敷金は承継されないものとされている（最判昭 53・12・22 民集 32-9-1768 [66]〈79〉。新 622 条の 2 第 1 項 2 号参照）。

賃貸住宅標準契約書

(1) 賃貸借の目的物

<table>
<tr><td rowspan="4">建物の名称・所在地等</td><td colspan="2">名　　　称</td><td colspan="5"></td></tr>
<tr><td colspan="2">所 在 地</td><td colspan="5"></td></tr>
<tr><td rowspan="2">建 て 方</td><td rowspan="2">共 同 建
長 屋 建
一 戸 建
そ の 他</td><td>構造</td><td colspan="2">木造
非木造（　　　　　）
　　　　　　　階建</td><td colspan="2">工事完了年
　　　　　　　　年
大 規 模 修 繕 を
（　　　）年
実　　施</td></tr>
<tr><td>戸数</td><td colspan="2">　　　　　戸</td><td colspan="2"></td></tr>
</table>

<table>
<tr><td rowspan="8">住戸部分</td><td colspan="2">住 戸 番 号</td><td>号室</td><td>間 取 り</td><td>（　　　）LDK・DK・K／ワンルーム／</td></tr>
<tr><td colspan="2">面 積</td><td colspan="3">㎡　（それ以外に、バルコニー＿＿＿＿＿㎡）</td></tr>
<tr><td rowspan="3">設 備 等</td><td colspan="2">トイレ
浴室
シャワー
洗面台
洗濯機置場
給湯設備
ガスコンロ・ 電気コンロ・ IH調理器
冷暖房設備
備え付け照明設備
オートロック
地デジ対応・ CATV対応
インターネット対応
メールボックス
宅配ボックス
鍵</td><td colspan="2">専用（水洗・非水洗）・共用（水洗・非水洗）
有・無
有・無
有・無
有・無
有・無
有・無
有・無
有・無
有・無
有・無
有・無
有・無
有・無
有・無　（鍵No.　　　　　・　　本）
有・無
有・無</td></tr>
<tr><td colspan="2">使用可能電気容量
ガス
上水道
下水道</td><td colspan="2">（　　　　　）アンペア
有(都市ガス・プロパンガス)・無
水道本管より直結・受水槽・井戸水
有(公共下水道・浄化槽)・無</td></tr>
</table>

<table>
<tr><td rowspan="7">附 属 施 設</td><td rowspan="7"></td><td>駐車場</td><td>含む・含まない</td><td>＿＿＿台分（位置番号：＿＿＿＿＿＿）</td></tr>
<tr><td>バイク置場</td><td>含む・含まない</td><td>＿＿＿台分（位置番号：＿＿＿＿＿＿）</td></tr>
<tr><td>自転車置場</td><td>含む・含まない</td><td>＿＿＿台分（位置番号：＿＿＿＿＿＿）</td></tr>
<tr><td>物置</td><td>含む・含まない</td><td></td></tr>
<tr><td>専用庭</td><td>含む・含まない</td><td></td></tr>
<tr><td></td><td>含む・含まない</td><td></td></tr>
<tr><td></td><td>含む・含まない</td><td></td></tr>
</table>

(2) 契約期間

<table>
<tr><td>始 期</td><td>　　　年　　　月　　　日から</td><td rowspan="2">　　年　　月間</td></tr>
<tr><td>終 期</td><td>　　　年　　　月　　　日まで</td></tr>
</table>

(3) 賃料等

賃料・共益費		支払期限	支払方法	
賃　料	円	当月分・翌月分を毎月　　日まで	振込、口座振替又は持参	振込先金融機関名： 預金：普通・当座 口座番号： 口座名義人： 振込手数料負担者：貸主・借主
共益費	円	当月分・翌月分を毎月　　日まで		持参先：
敷　金	賃料　　か月相当分　　円		その他一時金	
附属施設使用料				
そ　の　他				

(4) 貸主及び管理業者

貸　主 (社名・代表者)	住　所　〒 氏　名　　　　　　　電話番号
管理業者 (社名・代表者)	所在地　〒 商号（名称）　　　　　　電話番号 賃貸住宅管理業者登録番号　国土交通大臣（　）第　　　　号

＊貸主と建物の所有者が異なる場合は、次の欄も記載すること。

建物の所有者	住所　〒 氏　名　　　　　　　電話番号

(5) 借主及び同居人

氏　名	借　主		同　居　人	
	（氏名） （年齢）　　　　歳		（氏名）　　　　　　（年齢）　歳 （氏名）　　　　　　（年齢）　歳 （氏名）　　　　　　（年齢）　歳	
	（電話番号）		合計　　　　　人	
緊急時の連絡先	住　所　〒 氏　名　　　　　電話番号　　　　　借主との関係			

(6) 家賃債務保証業者

家賃債務保証業者	所在地　〒 商号（名称）　　　　　　電話番号 家賃債務保証業者登録番号　国土交通大臣（　）第　　　　号

敷金に関する判例の展開　判例は，敷金の返還につき，賃借人を一定の限度において保護する傾向にある。すなわち一方で，敷金の一部を返還しないという特約（敷引特約）は，敷引金の額が高額である場合には特段の事情がない限り，消費者契約法 10 条により無効となるとしている（最判平 23・3・24 民集 65-2-903）。これは，通常損耗の発生は当然予定されており，これを賃借人に負担させる特約は明確に合意されていなければならないという考え方（最判平 17・12・16 判時 1921-61〈72〉）の延長線上に位置づけられる。他方，建物明渡し時に残存する賃料債権は敷金の充当によって消滅するとして，賃料債権に対する物上代位に応じつつ，別途，敷金の返還請求を行わなければならないという結果を回避している（最判平 14・3・28 民集 56-3-689〈78〉。⇒本シリーズ担保編）。

◆　**権 利 金**　　**権利金**は，敷金と異なり，終了時に返還されないものとされている（最判昭 43・6・27 民集 22-6-1427〈80〉）。それは，「場所的利益・営業上の利益」などの対価であるとされている。

このほかに，建設協力金と呼ばれる金銭が授受されることもある（最判昭 51・3・4 民集 30-2-25）。

Ⅲ　賃貸借の効力

成立した賃貸借契約によって，当事者はどのような義務を負うのか。賃貸人の義務，賃借人の義務を，順に見ていこう。

1　賃貸人の義務

（1）　使用・収益させる義務

賃貸人の中心的義務は，賃借人に目的物の使用・収益をさせるという義務である（民 601 条）。具体的には，賃貸人は，賃借人に目的物を引き渡さなければならない。また，第三者が賃借人の使用収益を妨害するときには，これを排除しなければならない。

使用・収益の内容については，民法 616 条が準用する 594 条により，契約または目的物の性質によって定まる用法に従うことが必要であるとされる。

したがって，契約によって，使用・収益の仕方を定めることも可能である。たとえば，借家の場合には，動物を飼ってはいけないといった具合にである（しかし，結婚したら退去すべしといった特約の効力には問題がある）。借地の場合に，よく行われる特約として，増改築禁止特約がある。これは存続期間や買取請求権とも関連する（借家の場合，家主の承諾なしで増改築を行うと用法違反となる。⇒Ⅳ**2**(1)）。

（2）　修繕義務・費用償還義務

賃貸借期間中の目的物の維持・管理は賃貸人の負担となる。具体的には，まず，賃貸人は修繕義務を負う（民606条1項）。たとえば，備付けのエアコンが故障したという場合，その修理は賃貸人が行わなければならない。この義務の履行のため，賃貸人が必要な行為をするのを賃借人は拒むことはできない（民606条2項）。たとえば，修理の人が部屋に入るのを許容しなければならないということである（ただし，民607条に注意）。なお，賃借人は，修理の必要がある場合にはそのことを賃貸人に知らせる義務を負う（民615条）。

賃貸人に修繕義務があるといっても，実際には，賃借人が修繕をしてしまうことも少なくない。そこで，新法では一定の場合には貸借人は自ら修繕できることが明文化されていた（新607条の2）。その場合，かかった費用については，賃借人は賃貸人に償還請求をすることができる。目的物の維持・保存に必要な費用（**必要費**）の場合には，直ちに償還を求めることができる（民608条1項）。これに対して，目的物の改良のために支出された費用（**有益費**）の取扱いはやや異なる。このような費用も民法196条2項のルールに従って償還が可能であるが，その償還の時期については，賃貸借終了時が原則とされており，場合によっては，裁判所がさらに相当の期間を付与することもできるとされている（民608条2項）。費用償還請求権には目的物返還時より1年間という期間制限があるが（新622条〔旧621条〕→民600条），裁判所による期間付与がなされた場合には，定められた期限から1年間の期間を起算することになろう。

なお，修繕義務・費用償還義務に関する規定は任意規定なので，特約によって，修理は賃借人の負担とすることも可能である（特に軽微な修理など。なお巻末に掲げた賃貸住宅標準契約書の9条および「別表第4」も参照）。

② 賃借人の義務

(1) 賃料支払義務

賃借人の中心的義務は賃料支払義務である（民601条）。その支払時期について，民法典は期末払としているが（民614条），これと異なる定めをすることは妨げられない。借家の場合，実際には前家賃が多い（103頁の契約書中の「支払期限」も参照）。賃料の額については，当事者が合意によって自由に定めればよい。ただし，例外として，賃料の減額に関する規定がいくつか置かれている。まず，農地については，凶作に対処する規定として，民法609条が置かれている（民610条で解除も可能）。ただし，この規定は，今日では農地法18条によって修正されている。その他の場合（借家などの場合）については，目的物の一部滅失のときの賃料減額を定める611条1項がある（同条2項で解除も可能）。

(2) 目的物返還義務

賃借人のもう一つの義務は，契約終了時には目的物を返還することである。借りた物は返すというのは当然のことだが，このとき，賃借人は，目的物を原状に復して返還しなければならない（新621条）。通常の使用に予想される程度以上に傷んでいる場合には損害賠償義務を負う（新621条括弧書を参照。実際には敷金と相殺される）。また，賃借人が持ち込んだ付属物（家具や照明器具）などは収去しなければならない（新622条→新599条1項・2項）。ただし，物理的に目的物に付着しているもの（壁紙やペンキ，承諾を得て行った増改築部分）については，所有権は賃貸人に帰属することになり（**付合**），賃借人は先に述べた費用償還請求権を行使することになる。

③ 権利義務の調整

以上述べてきたように，賃貸借契約の当事者の権利義務の内容については，基本的には当事者が合意によって決めることができる。そして，いったん決められた以上は，これを変更することはできない。もちろん，新たな合意があれば賃貸借契約の内容を変更することは可能であるが，そのような合意はなかなか調わない。特に，弱い立場にある賃借人の側の希望は受け入れられにくい。そこで，借地借家法は，いくつかの点について，当事者の権利義務

の調整を裁判所に委ねている。

　第一に，借地条件の変更・増改築については，当事者の協議が調わないときには，裁判所の許可を求めることができる（借地借家 17 条）。また，後に述べるように，賃借権の譲渡・転貸は許可なしにはできないが（民 612 条），借地については，地主の承諾が得られない場合に，裁判所の許可を得るという道が開かれている（借地借家 19 条・20 条）。

　第二に，目的物の返還義務に関連するが，賃借人が借地上に建てた建物，借家に付けた畳・建具など（「**造作**」と呼ばれる）については，それぞれ，売主に対する買取請求権が認められている（**造作買取請求権**。借地借家 13 条・14条・33 条）。これは，建物などの保存をはかり賃借人の投下資本の回収を確保する趣旨であるとされるが，買取価格が低いこともあって，あまり意味がないとも言われる（そこで，借地借家法 37 条からは除外されて任意規定化された）。

　第三に，賃料については，増減請求権が認められている（**賃料増減請求権**。借地借家 11 条・32 条）。地価の上昇などによって，あるいは，近隣と比較して，賃料が不相当なものとなった場合には，当事者は地代あるいは家賃の増減請求権を取得する。この権利は形成権であり，意思表示によって効果が生ずるとされているが，意思表示を行う者が一方的に増減額を決められるわけではない。具体的には，増減交渉が調わないときには，まず，調停が行われるが[1]，調停不調の場合には，最終的には裁判所が妥当な賃料額を定めることになる。

　以上のように，契約当初において義務内容をどのように決めるかは当事者の自由に属するものの，契約継続中の事情の変化に応じて契約内容を修正するという段階においては，裁判所の介入する場面が増えていることが注目される。いわば「入口は自由だが中に入ると制約がある」ことになっているのである。もっとも，このような修正は，民法典に全く含まれていないわけではないことも忘れてはならない（民 609 条〜611 条）。それにしても，契約内容決定の自由が働く範囲が狭まってきたことは確かである。この傾向は，賃

---

　1)　民事調停法 24 条の 2・24 条の 3。

借権の存続期間，第三者との関係において，一層著しくなる。それらの点については，以下のⅣ，Ⅴで検討することにしよう。

Ⅳ　賃貸借の終了

1　期間満了・解約申入れによる終了

（1）存続期間

　すでに述べたように，賃貸借契約の存続を保障し，賃借人の地位を安定させるというのが，借地借家立法の一つの目的であった。以下，現在ではどのような制度になっているかを見ていくことにする。出発点としてまず，民法典の規定を見ておこう。期間について定める規定は民法604条であるが，新604条は，賃貸借の存続期間は50年を超えることができないとし，これを超えるものは50年に短縮されるとしている。このように上限が定められる一方，下限については何の制約も設けられていない。したがって，民法上はどれだけ短くてもよいことになる。

　これに対して，借地借家法は，次のように定めている。借地と借家に分けて見ていこう。なお，以下の説明は，1991年に成立した借地借家法（新法）にもとづくものであるが，新法は92年8月1日以後の契約に適用され，それ以前の契約については旧法（借地法・借家法）が適用される（新法附則4条。そのため，六法にはなお旧法が掲載されている）。

◆　借　地　　普通借地権の場合，原則として30年，ただし，特約によってこれよりも長い期間を定めた場合には，それが存続期間となるとしている（借地借家3条）。なお，旧法（借地法）では，堅固建物と非堅固建物とで期間に差が設けられていたが（旧借地2条。法定期間はそれぞれ60年と30年），現在の建築技術のもとではこのような区別は不要と考えられるようになった。また，旧法では，建物の朽廃によって借地権は消滅するとされていたが（旧借地2条1項但書），朽廃にあたるか否かの判断は難しいし，契約で保障された期間内であるのに権利が消滅するのはおかしいとの批判もあったので，この制度も廃止された。

◆　借　　家　　当事者が決めた期間によるが，1年未満の期間を
　　　　　　　　定めた場合には期間の定めのないものとみなされ
る（借地借家 29 条）。期限の定めがないとなると，民法典のルールでは，3 カ
月前に解約申入れをすれば解約できることになるが（民 617 条 1 項 2 号），借
地借家法は解約申入期間を 6 カ月にしている（借地借家 27 条 1 項）。

(2)　契約終了

　期間満了（新 622 条→新 597 条 1 項）あるいは解約申入れ（民 617 条）によっ
て，賃貸借は終了するというのが民法典の考え方である。もっとも，**黙示の**
更新に関する規定は置かれており，黙示の更新後は期限の定めのない賃貸借
となるとされている（民 619 条）。しかし，借地借家法は，契約の更新を原則
とし，「正当事由」がある場合にのみ更新拒絶ができるとした。借地・借家
のそれぞれについて，もう少し詳しく見てみよう。

◆　借　　地　　借地の更新については，三段階の手続が用意され
　　　　　　　　ている。第一に，合意による更新がなされればそ
れに従う。ただし，期間については最短期間が定められている。初回更新に
ついては 20 年，2 回目以降の更新については 10 年である（借地借家 4 条）。
なお，旧法では，最短期間は，堅固建物で 30 年，非堅固建物で 20 年であっ
た。第二に，合意が調わなくとも，借地人が更新請求をした場合には，地主
は遅滞なく正当事由のある異議を述べないと，やはり更新が生じる（同 5 条
1 項・6 条）。さらに，第三に，借地人による土地使用が継続している場合に
は，遅滞なく正当事由ある異議を述べないと，これもまた更新が生じる（同
5 条 2 項・6 条）。後の二つの場合を**法定更新**と呼んでいる。なお，更新がなさ
れない場合には，借地人は**建物買取請求権**を行使することになる（同 13 条。
前述の造作買取請求権と同じく，あまり機能していない）。これらのことを図に示
すと次頁のようになる（図表 6/7-3）。

◆　借　　家　　期限の定めのある借家については，やはり法定更
　　　　　　　　新の制度があり，期間満了の 1 年前から 6 カ月前
の間に更新拒絶の通知をしなければ，従前の契約と同一の条件で，ただし，
期限の定めはないものとして，更新が生じる（借地借家 26 条 1 項）。なお，継
続使用による更新も生じる（同 26 条 2 項）。そして，更新拒絶には正当事由

図表 6/7-3　借地権の存続保障

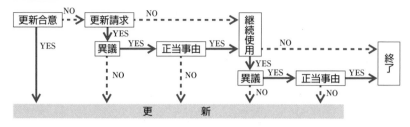

が必要である（同28条）。期限の定めのない借家については家主からの解約申入れが必要であり（同27条），この申入れは，正当事由がなければ認められない（同28条）。また，継続使用についても更新拒絶の場合と同様，遅滞なく正当事由ある異議を述べないと契約は継続してしまう（同27条2項→同26条2項）。

　ここでも図を示しておく（**図表 6/7-4**）。

図表 6/7-4　借家権の存続保障

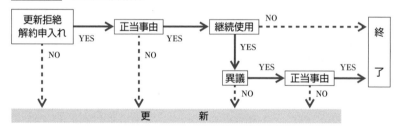

　以上からわかるように，期間満了または解約申入れによって賃貸借契約を終了させることができるかどうかは，主として「**正当事由**」の有無にかかっていると言える。そこで，この点について少し考えてみたい[1]。

　正当事由は旧法以来，賃貸人の明渡請求の可否を決するための要件とされてきたが，旧法では「自ら……使用することを必要とする場合その他正当の

1）　鈴木563-573頁に詳しい。

事由ある場合」（旧借地 4 条 1 項，旧借家 1 条の 2）という表現がとられており，一方で，自己使用の必要が特別な扱いを受けているかのように見え，他方，その他の事情として何が考慮されるのかは明らかではなかった。実際には，最判昭 58・1・20 民集 37-1-1 ［61］〈70〉などにも見られるように，当事者双方の事情が比較考量されて総合的な判断がなされていた（この判決は，賃借人の事情としてどこまでを考慮できるかについて判断している）。

　ところで，旧法のもとでの判例は，一つの要素として，賃貸人からの**立退料**の提供を考慮してきた。最判昭 46・11・25 民集 25-8-1343〈69〉は，立退料を考慮し，その額については一定の範囲内で裁判所が決定できるとした判決である。また，最判平 3・3・22 民集 45-3-293〈71〉は，解約申入れ後に提示された立退料の金額をも考慮しうるとしている。なお，逆に，更新に際して，賃借人から賃貸人に対して，**更新料**と呼ばれる金銭が支払われることが多いということもここで述べておこう（更新料については最判昭 59・4・20 民集 38-6-610 を参照）。

　このような旧法下の法状況を受けて，新法では，正当事由の内容をより詳しく規定する改正がなされた。具体的には，①両当事者が土地または建物の使用を必要とする事情，②当該賃貸借の従前の経緯，土地または建物の利用状況，さらに，借家の場合には建物の現況，③立退料など財産上の給付の提供の申出，が判断要素として示されるに至った（借地借家 6 条・28 条）。

> 　**更新料に関する判例とその影響**　判例は，賃貸借契約書に一義的かつ具体的に記載された更新料条項は，更新料の額が高額に過ぎるなど特段の事情がない限り，消費者契約法 10 条によって無効となることはないとしている（最判平 23・7・15 民 65-5-2269〈82〉）。その際に，更新料は賃料の前払や契約継続の対価等の趣旨を含む複合的な性質を持つとしたが，このような考え方は，権利金に対する従前の考え方（賃料前払ではなく一定の利益の対価であるとする）に見直しを迫るものを含んでいる点に注意する必要がある。

② その他の理由による終了

期間満了または解約申入れ以外の理由による終了についても，見ておこう。

(1)　債務不履行

第一に，賃借人の債務不履行を理由として，賃貸人が契約を解除することによって賃貸借が終了するということがある。Ⅲで見た賃借人の義務のどれかについて不履行があれば，たとえば，**賃料不払**あるいは**用法**（**用方**）**違反**などがあった場合には債務不履行による解除が可能になるはずである。しかし，実際には，判例理論によって，賃貸人の解除権には一定の制限がかけられている。判例は，賃借人の地位を保護するために，軽微な債務不履行で当事者間の信頼関係を破壊するほどのものではない場合には，解除権の行使は信義則上許されないとしているのである。最判昭41・4・21民集20-4-720〈74〉は増改築禁止特約違反について，この考え方を示したものである（最判昭39・7・28民集18-6-1220〈73〉は賃料不払の例。4カ月分の滞納があったが，費用償還請求権との相殺が可能だった事例）。これを一般に「**信頼関係破壊理論**」などと呼んでいる。また，この理論によって，一般には有効なはずの無催告解除条項の効力も制限的に解されている（最判昭43・11・21民集22-12-2741〈76〉を参照）。ただ，逆に，債務不履行の態様が著しく悪い場合には，本来は必要な催告もなしで解除することも認められている（最判昭27・4・25民集6-4-451は著しい用法違反の例，最判昭50・2・20民集29-2-99〈75〉は著しい付随義務違反の例）。その意味で，信頼関係破壊理論は賃貸人に有利に働くこともないわけではない。

(2)　建物の滅失

第二に，借家については目的物が**滅失**した場合にも（たとえば，火事によって焼失した場合など），履行不能ということで賃借権は消滅する（新616条の2）。

なお，借地については，旧法のもとでは，その上に立つ建物の朽廃が終了原因とされていたが，新法で改められたことはすでに述べた。加えて，新法は，建物が滅失した後に新築がなされた場合の借地権の期間延長に関する規定を置いたので，便宜上ここでふれておきたい。すなわち，賃貸借の当初の存続期間中に，地主の承諾を得て新築がなされた場合には，期間はその時点から20年延長される（借地借家7条1項）。また，借地人が地主に対して新築の通知をしたのに，通知受領後2カ月以内に地主が異議を述べない場合には，承諾が擬制される（同7条2項）。なお，異議が述べられた場合には，本来の

期間の終了時に，新築の経緯も含めて正当事由の有無が判断されることになる。これに対して，賃貸借の更新後に，承諾なく新築がなされた場合には，地主は正当事由なしで賃貸借を解約することができる（同 8 条）。ただし，賃借人には，借地借家法 18 条によって，地主の承諾に代わる裁判所の許可を得るという道も開かれている。

（3）その他

その他，終了にかかわる問題を二つとりあげておく。

一つは，賃借人の死亡の場合。賃貸借は賃借人の死亡によって終了せず相続人に承継される（新 597 条 3 項は準用されていない）。なお，相続人はないが内縁の配偶者や事実上の養子があるという場合には，居住用建物の賃貸借に限り，借家人と同居していたこれらの者による承継が認められている（借地借家 36 条。なお，問題が残されていることにつき，最判昭 42・2・21 民集 21-1-155〈86〉を参照）。

もう一つは，借地契約の合意解除の場合。以前にも述べたように，賃貸借契約の合意解除は当事者間では有効に行いうる。しかし，第三者（転借人や借地上の建物の賃借人）にはこれを対抗することができない（判例理論。前者につき最判平 14・3・28 民集 56-3-662〈67〉，後者につき最判昭 38・2・21 民集 17-1-219〈66〉を参照。なお，前者については，新 613 条 3 項で明文化）。また，期間満了や解約申入れによる終了の場合にも，これらの者には一定の保護が与えられている（借地借家 34 条・35 条参照）。

Ｖ　賃貸借と第三者

1　譲渡・転貸[1]

地上権と異なり，賃借権の場合には，民法典の規定上は，賃貸人の承諾がない限り，譲渡・転貸を行うことはできない（民 612 条）。ここで，**譲渡**とは，賃借人の地位を譲り渡すこと，**転貸**とは，賃借人の地位を保持しつつ目的物

---

1)　原田純孝「賃借権の譲渡・転貸」民法講座 5，同「民法 612 条（賃借権の無断譲渡，無断転貸）」民法典の百年Ⅲ。

をさらに貸すことを言う（**図表6/7-5**）。以下，（承諾を得た）適法な譲渡・転貸と（承諾のない）違法な譲渡・転貸に分けて，関係者の権利義務について見ていこう。

図表6/7-5　賃借権の譲渡・転貸

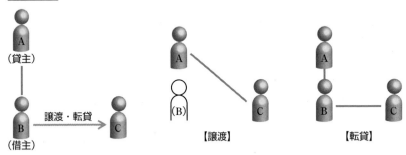

（1）　適法な譲渡・転貸

　賃貸人の承諾または裁判所の許可（借地借家19条・20条）があれば，賃借人による譲渡・転貸は適法なものとなる。適法な譲渡・転貸がなされた場合，その後の法律関係はどうなるだろうか。AがBに土地を貸し，Bがこの賃借権をCに譲渡した場合には，Bの賃借権はCに移転するので，以後，賃貸借はA・C間に存続することになり，Bは契約関係から離脱することになる。これに対して，BがCに借地を転貸した場合，A・C間には直接の契約関係はないが，民法613条1項によって，Cは直接にAに対して義務を負うことになる。つまり，AはCに対して賃料請求を行うことができる。ただし，Bの賃料分を超える請求はできない（A・B間の賃料10万円，B・C間の賃料12万円の場合，10万円の限度でのみ請求可）。また，A・Bの契約はなくならないので，依然として，AはBに対して請求することもできる（民613条2項）。

　　賃貸借の解除と転借人の地位　　A・B間の合意解除はCに影響を与えないことは，すでに述べた通りであるが，Bの不履行による解除の場合にはCはその転借権を（当初はAの承諾を得ていたとしても）もはやAに対抗できない

（最判昭 36・12・21 民集 15-12-3243。新 613 条 3 項ただし書で明文化）。そして，A が C に対して明渡請求をした場合には，C は明渡義務を負うが，以後，目的物の使用収益につき，B は C に対して損害賠償義務または不当利得返還義務を負う一方で，B・C 間の転貸借契約は履行不能によって終了するものと解されていた（最判平 9・2・25 民集 51-2-398 ［64］〈68〉）。新法のもとでも，C は B に履行を請求できないが（新 412 条の 2 第 1 項），B からの賃料請求を拒むことができる（新 536 条 1 項）。ただし，契約関係を終了させるには解除が必要である（新 542 条 1 項 1 号）。

（2）　違法な譲渡・転貸

　賃貸人の承諾も裁判所の許可もなしに譲渡・転貸がなされた場合には，それは解除原因となる（民 612 条 2 項）。しかし，判例は，一般の債務不履行の場合と同様に，この特殊な債務不履行についても，賃貸人の解除権に対して一定の制約を課している。ここでも信頼関係破壊理論が採用されているのである。むしろ，時間的な順序としては，まず，譲渡・転貸について，この理論は採用された。最判昭 28・9・25 民集 7-9-979〈62〉は，最高裁がこの法理を初めて示した判決として著名なものである。

　一方で，第 2 次大戦後の住宅難時代における居住の保障という実際上の要請，他方で，譲渡・転貸の制限に対する理論的な疑問，この両者が相まって，このような判断が導かれたものと言えるだろう。そして，この判決を契機として，以後，信頼関係破壊理論は，他の解除原因にも及ぶことになったわけである。そこに見られる基本的な考え方自体は，今日においても維持されていると言ってよいだろう。しかし，具体的な判断基準は，終戦直後と今日とでは異なったものでありうるということは認めるべきだろう。たとえば，かつての下級審判決などには，かなり長期にわたって賃料を払っていなくとも信頼関係は破壊されていないとしたものがあったが，今日ではもはや，このようなことは簡単には言えないだろう。

　　譲渡担保権の設定　　借地上の建物への譲渡担保権（⇒本シリーズ担保編）につき，判例は，譲渡担保権者 A ではなく譲渡担保設定者（借地人＝建物所有者）B が引き続きその建物を使用していて，敷地の使用状況に変化がなかった

場合には，譲渡担保権の設定は民法 612 条にいう譲渡・転貸にはあたらないと
してきた（最判昭 40・12・17 民集 19-9-2159）。しかし，譲渡担保権者が建物の
使用収益をする場合には，敷地の使用主体が替わるので信頼関係が破壊された
と言わざるをえないとしている（最判平 9・7・17 民集 51-6-2882〈65〉）。

2 対 抗 力

　この点でも，地上権と異なり，賃借権には原則として対抗力が付与されて
いない。民法 605 条は登記があれば対抗力を有するとしているものの，この
登記には賃貸人の協力が必要であるとされており（大判大 10・7・11 民録 27-
1378 参照），実際にはこれはほとんど行われていない。しかし，すでに述べ
たように，旧建物保護法などの法律によって，賃借人が容易に対抗要件を具
備できるような制度が設けられており，それは，今日の借地借家法に引き継
がれている。

（1）　対 抗 要 件

　借地については，借地上の**建物の登記**が（借地借家 10 条 1 項），借家につい
ては，**引渡し（占有）**が（同 31 条 1 項），それぞれ賃借権の対抗要件とされて
いる。すなわち，借地については，借地上に建物を所有しそれについて登記
をしていれば，借家については，現にその家に住んでいれば，それぞれ対抗
要件を備えていることになる。これらの規定によって対抗要件の具備は非常
に容易になった。しかし，それにもかかわらず，対抗要件が具備されない場
合もある。主として，借地の場合に問題が生じている（図表 6/7-6）。

図表 6/7-6　借地権の対抗要件の緩和

	現　実	登記簿
①所在地	79 番地	80 番地
②所有者	A 所有	B 名義

　まず，①建物登記の地番が異なる場合（本当は 79 番地にあるのに建物登記簿
には 80 番地とされていたという場合）にも対抗力が認められるかが問題になっ

たが，最高裁はこれを肯定した。最大判昭40・3・17民集19-2-453〈59〉がそれである。多少地番がずれていても，建物の種類，構造，床面積などの記載とあわせて，全体として建物の同一性を認識しうるのであれば，「登記した建物を有する」といってよいとしている。次に，②他人名義の登記がある場合（借地権者の家族等の名義の登記がある場合）はどうかが争われたが，この点については，最高裁は，最大判昭41・4・27民集20-4-870〈58〉で，対抗力を認めないという立場をとった。土地取引をする者は，その土地上の建物の登記名義人が賃借権を有するかどうかを調査するのだから，登記名義人と借地人とが一致している必要があると考えたわけである。しかし，この判決には批判が強い。ともかく建物が建っていれば，借地権はあるだろうと考えて行動すべきであると言うのである（同判決の田中少数意見を参照）。

　後の判例の当否は，結局のところ，土地の譲受人にどの程度の調査義務を課すかという点にかかっている。この点については，借地借家法においては「登記簿一辺倒から現地主義加味へ」と方針転換がなされたと言われていることを考慮に入れる必要がある（借地借家10条2項に建物滅失後はその土地の上に立て札を立てておけば一定期間は対抗力は失われないとした）。そうだとすると，登記名義人の不一致の場合にも，もう少し，実際の権利関係を調査する義務を課してもよいと言えるのではないか。なお，旧建物保護法は「賃借人が……登記したる建物」という表現を用いていたが，借地借家法は「借地権者が登記されている建物を所有するときは」という表現に転じていることも，このような解釈論の支えになりうるだろう。

　ただし，最高裁は，学説の批判を全く無視しているわけではない。すでに，最判昭38・5・24民集17-5-639〈57〉において，対抗力が認められないとしても，土地の譲受人の建物収去土地明渡請求が権利濫用になる場合があることは認めているのである。

　このような対抗要件の具備で権利関係の優先劣後が決まるのは，主として，賃貸人と新所有者との間の権利関係である。しかし，賃借権の二重設定の場合にも，同じルールによって処理される。所有権の場合の二重譲渡と対比されるべきは後者であるが，賃借権の対抗力が問題とされる局面として重要なのは前者である。同じく，対抗力といっても，所有権と賃借権とでは，問題

の局面にずれがあることに注意する必要がある（図表6/7-7）。

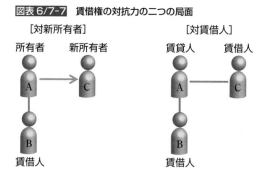

図表6/7-7　賃借権の対抗力の二つの局面

[対新所有者]　　　　　[対賃借人]

賃貸人の地位の移転〔債権法改正〕　新法は，対抗要件を備えた賃借権については，当該賃借権の目的物である不動産が譲渡されたとしても，賃貸人としての地位は譲受人に移転するのが原則であることを確認した上で（新605条の2第1項。なお，賃貸人としての権利行使には登記を備えることが必要。同条3項），譲受人が賃貸人としての地位を譲渡人に留保した上で当該不動産を譲渡人に賃貸する（その結果，従前からの賃借人は転借人となる）ことを認めているが（同条2項前段），この場合にも譲渡人・譲受人間の賃貸借が終了すれば，留保された賃貸人としての地位は譲受人に移転するとしている（同条2項後段）。いずれの場合にも賃貸人としての地位が譲受人に移転したときは，敷金返還債務は譲受人に承継される（同条4項）。なお，譲渡人・譲受人間の合意によって賃貸人としての地位を譲受人に移転させることもでき，この場合には賃借人の承諾を要さない（新605条の3）。以上の規律は，判例において争われた問題につき（最判平11・3・25判時1674-61〈60〉），立法上の解決を与えるものである。

(2)　不法占拠者の排除

　第三者との関係としては，ほかに，不法占拠者との関係が問題となるが，この点はどうだろうか。賃借人は，次の方法で妨害排除を行うことができるのは確かである。第一は，所有者である賃貸人に頼んで妨害排除をしてもらうこと（所有者には物権的請求権があり，また，賃借人に対して目的物を使用収益させる義務があるので，可能）。第二は，賃借人自身が占有訴権を行使すること。

　しかし，第一の方法は，賃貸人の行為を待たなければ実現されないし，第二の方法は，占有開始前には使えない。そこで判例は，第三に，賃借人は，賃貸人たる所有者の妨害排除請求権を，賃貸人に代わって行使しうるとしている（最判昭 29・9・24 民集 8-9-1658）。これは債権者代位権（民 423 条）という制度を用いたものであるが，厳密にはその要件を満たさないので（本来は，代位される者——ここでは賃貸人——の無資力が要件となる。詳しくは本シリーズ債権編を参照），いわばこれを転用したものと言うべきである。このような技巧的な構成を用いずに，直接に，賃借人に妨害排除請求権を認めることはできないだろうか。学説にはこのような主張をするものもある。この点については，債権にはそのような権能は認められないというのが伝統的な考え方であった。しかし，対抗要件を備えている賃借権は，いわば物権化した賃借権であるので，妨害排除請求を認めてもよいのではないかとも言われてきた。判例もここまでは認めていると解することができたが（最判昭 28・12・18 民集 7-12-1515 [57]〈61〉），新法においてはこのことが明文化されるに至った（新 605 条の 4）。

VI　借地借家法改正の動向

　最後に，1991 年の法改正（全部改正）によって制定された新しい借地借家法に関するいくつかの問題について説明しておこう。まず，全体の傾向を概観し，新法が設けた特殊な制度などにふれることにしたい。その上で，1999 年の改正についても一言しておく。

1　背　　景

　これまで見てきたところからもわかるように，借地借家立法の歴史は賃借権の保護強化の歴史であった（1921 年の借地法・借家法制定後，1941 年と 1966 年とに，大改正がなされている1)。前者では「正当事由」の導入が，後者では裁判手

---

1)　1966 年改正までの法状況を集大成したのが，星野・前掲書である。

続の整備が行われた。その間の時期に，判例法による信頼関係破壊理論の展開がはさまる）。

　しかし，1980年代に入ると，住宅事情の変化や規制緩和の風潮などもあって，土地利用関係の合理化が主張されることになった。その結果，これまでの法制度に必要な修正が加えられるとともに，新しい借地・借家制度が設けられることとなった（「合理化」「多様化」と言われる）。前者（合理化）については，すでに説明した通りであるが，全体として見ると，賃貸人の利益に対する配慮に，従来よりはややウエイトが置かれるようになったと言えよう。後者（多様化）については，項を改めて説明しよう。

2　新　制　度

（1）　定期借地権等の導入

　1991年改正で新しく設けられた借地借家の類型のうち，最も注目に値するのは，**定期借地権**である。

　定期借地権という用語は二つの意味で用いられる。狭い意味では，借地借家法22条の借地権を指すが，広い意味では，同法22条〜24条に定められた三つのタイプの借地権の総称として用いられる。これらの三つの借地権は，一言で言うと，更新のない借地権である。更新制度は借地人には有利な制度であったが，これがあるために，地主は土地を貸したがらず借地の供給が増えないという事情もあった。そこで，このような新たな類型の借地権が設けられたわけである。

　借地借家法22条の借地権（狭義の定期借地権）は，更新排除特約を付けることができる借地権であるが，これは期間50年以上の長期のものに限られる。他に，23条は事業用定期借地権と呼ばれるものを（事業用借地については，更新制度の適用がなく，期間も30年以上50年未満という短期のものが可能），24条は建物譲渡特約付借地権と呼ばれるものを（設定後30年を経過すると建物を買い取って借地権を消滅させることが可能），それぞれ認めている。

　借家についても，ある意味ではこれと並ぶ制度として，**期限付借家**が設けられた（借地借家旧38条・39条）。特に，転勤・療養・親族の介護などやむをえない事情のため一定期間のみ自宅を貸したいという場合には，更新のない

借家権を設定することができるとして同法旧 38 条が注目された。

　なお，従来の借地法・借家法にあった**一時使用**のための借地権・借家権は，新法でも維持されている（借地借家 25 条・40 条）。この場合にも，更新の規定などは適用されない（ただし，他の規定の適用の有無については，借地と借家で違いがある。条文を参照）。先に述べた転勤等による借家は，旧法では一時使用とされていたが（最判昭 36・10・10 民集 15-9-2294〈87〉を参照），これに対応するための新制度ができたので，借家の一時使用は，今後は限られたものとなるだろう（借地借家 38 条と 40 条の違いは各自検討せよ）。

　以上のように，新しく設けられた類型の借地借家には，借地借家法の一部が適用されない。また，一時使用のための借地借家についても借地借家法の一部ないし全部が適用されない。このように，借地借家と言っても，一律に同じ規律が妥当するわけではないことに注意してほしい。

　最後に，以上の点とも関連するが，借地借家法の適用範囲について，2 点をつけ加えておきたい。第一に，借地借家法は，土地建物の賃借権はもちろんだが，建物所有目的の地上権にも適用されること（借地借家 1 条。旧法以来，実際にはあまりない）。第二に，社宅，公営住宅などについて借地借家法が適用されるかどうかは，個別に考える必要があるということ（前者については，家賃が低廉な場合には使用貸借とする余地もある，後者については公営住宅法が存在するが借地借家法の補充的な適用が問題になる。なお，後者については，最判昭 59・12・13 民集 38-12-1411 を参照）[1]。

　借地借家法の適用されない不動産賃貸借？　　借地借家法は，形式上はすべての建物賃貸借に適用されるように見えるが，これには全く例外がないだろうか。いわゆるバブル崩壊後，「サブリース」と呼ばれる「建物賃貸借」への適用をめぐって議論がなされてきた。サブリースとは，土地を持たない不動産開発業者 A が，土地所有者 B に働きかけて建物を建てさせ，その建物を一括して借り上げて第三者 C_1〜C_n に転貸し，収益を上げるという契約のしくみを指す。バブル期には，A・B 間で長期にわたり高額な賃料の定めがされる例が多かったが，

---

　1)　公営住宅につき，広中 227-228 頁。

その後，地価の下落に伴い，AからBに対して賃料減額請求がなされる例が続発した。サブリースにも借地借家法32条を適用してこの請求を認めるべきか，それともサブリースは借地借家法の（少なくとも一部が）適用されない特別な賃貸借と見るべきか，学説には争いがあったが，最判平15・10・21民集57-9-1213［67］〈84〉はサブリースも賃貸借契約であり借地借家法32条が適用されるのであり，特約によって強行規定である同条1項を排除できないとした[1]。

（2）　定期借家権の導入

最後に，1999年の借地借家法改正によって，**定期借家権**が導入されたことを述べておく必要がある。1991年の新しい借地借家法では，借家については特殊な理由にもとづく期限付の借家制度が導入されたが，さらに進んで，更新のされないタイプの借家が認められたのである（借地借家38条参照）。これに対しては，賛否両論の間で激しい論争がなされた。定期借家導入推進論は，借家権による制約が住宅供給を妨げていると主張したのに対して，慎重論は，借家人の権利保護が薄くなることを危惧した[2]。定期借家が不況脱出の切り札となるかといった短期の政策論議は別にすると，そこには，効率性か権利かという基本的な対立（経済学 vs 法学という対立でもある）が見られ，興味深い[3]。

> **定期借家と書面交付義務・説明義務**　　定期借家（定期建物賃貸借）のための契約には，公正証書によることが求められているほか（借地借家38条1項），更新がない旨を記載した書面を交付して説明を行わなければならず（同条2項），書面交付義務・説明義務を怠ると不更新条項は無効になる（同条3項）。なお，この際の「書面」は，契約書とは別個独立の書面でなければならない（最判平24・9・13民集66-9-3263）。このように解さないと，要式契約である定期借家契約につき，書面交付義務を定めた意味が失われるからである。

---

1)　これにつき，鈴木 559-561 頁，内田 202-203 頁などを参照。
2)　鈴木 589 頁，593-594 頁に詳しい。
3)　内田貴「管見『定期借家権構想』――『法と経済』のディレンマ」NBL 606 号（1996）を参照（同・契約の時代〔岩波書店，2000〕にも収録）。

借地借家法と債権法改正〔債権法改正〕　債権法改正においては，借地借家法の改正や統合は議論の対象とされなかった。同法の改正には政策的な対立が予想されたため，これを改正対象から除外したものと思われる。しかしながら，借地借家法が民法の重要な特別法であることに鑑みれば，民法典に統合することは考えられないことではない。

MAIN QUESTION

借地借家の特殊性はどこにあるのか？

KEY SENTENCES

■不動産賃貸借については，賃借人の権利を保護するための措置が，判例や特別法（借地借家法・農地法）によってとられることになった。……今日では，不動産賃貸借法は，民法典の規定からはかなり離れた内容を持つに至っている。

■新たな合意があれば賃貸借契約の内容を変更することは可能であるが，そのような合意はなかなか調わない。特に，弱い立場にある賃借人の側の希望は受け入れられにくい。そこで，借地借家法は，いくつかの点について，当事者の権利義務の調整を裁判所に委ねている。

■借地借家法は，契約の更新を原則とし，「正当事由」がある場合にのみ更新拒絶ができるとした。

■判例は，賃借人の地位を保護するために，軽微な債務不履行で当事者間の信頼関係を破壊するほどのものではない場合には，解除権の行使は信義則上許されないとしている。

■借地については，借地上に建物を所有しそれについて登記をしていれば，借家については，現にその家に住んでいれば，それぞれ対抗要件を備えていることになる。

■対抗要件の具備で権利関係の優先劣後が決まるのは，主として，賃借人と新所有者との間の権利関係である。……同じく，対抗力といっても，所有権と賃借権とでは，問題の局面にずれがあることに注意する必要がある。

■対抗要件を備えている賃借権は，いわば物権化した賃借権であるので，妨害排除請求を認めてもよいのではないかとも言われてきた。判例もここまでは認めていると解することができたが，新法においてはこのことが明文化されるに至った。

■定期借家導入推進論は，借家権による制約が住宅供給を妨げていると主張したのに対して，慎重論は，借家人の権利保護が薄くなることを危惧した。……そこには，効率性か権利かという基本的な対立（経済学 vs 法学という対立でもある）が見られ，興味深い。

TECHNICAL TERMS

リース　地上権・永小作権と賃借権　使用貸借　地役権　隣地通行権　入会権

(旧)建物保護法　(旧)借地法・借家法　(旧)自作農創設特別措置法　農地法　賃借権の強化　敷金　権利金　必要費・有益費　付合　造作　造作買取請求権　賃料増減請求権　黙示の更新　法定更新　建物買取請求権　正当事由　立退料　更新料　賃料不払・用法(用方)違反　信頼関係破壊理論　(建物の)滅失　(賃借権の)譲渡・転貸　(対抗要件としての)建物の登記・引渡し(占有)　定期借地権　期限付借家・一時使用　定期借家権

REFERENCES

渡辺洋三・土地・建物の法律制度・上中（東京大学出版会，1960-62）

水本浩・借地借家法の基礎理論（一粒社，1966）

甲斐道太郎・土地所有権の近代化（有斐閣，1967）

　いずれも，いわゆる賃借権物権化論を展開するものであるが，最初のものは，日本法に関する歴史的な研究を含むものであり，後の二つは，イギリス法をモデルとした議論を展開するもの。なお，外国法に関しては，後続の世代による実証的な研究として，戒能通厚・イギリス土地所有権法研究（岩波書店，1980），原田純孝・近代土地賃貸借法の研究（東京大学出版会，1980）も参照。日本法の歴史については，民法典に至る規定の沿革につき，小柳春一郎・近代不動産賃貸借法の研究（信山社，2001），判例の展開につき，広中俊雄・不動産賃貸借法の研究（創文社，1992）を参照。

■ UNIT 8　消費貸借など──どのように信用供与を行うか？

■参照条文■　587条〜592条，利息制限法，割賦販売法

（消費貸借）

第587条　消費貸借は，当事者の一方が種類，品質及び数量の同じ物をもって返還をすることを約して相手方から金銭その他の物を受け取ることによって，その効力を生ずる。

（書面でする消費貸借等）

第587条の2　① 前条の規定にかかわらず，書面でする消費貸借は，当事者の一方が金銭その他の物を引き渡すことを約し，相手方がその受け取った物と種類，品質及び数量の同じ物をもって返還をすることを約することによって，その効力を生ずる。

② 書面でする消費貸借の借主は，貸主から金銭その他の物を受け取るまで，契約の解除をすることができる。この場合において，貸主は，その契約の解除によって損害を受けたときは，借主に対し，その賠償を請求することができる。

③ 書面でする消費貸借は，借主が貸主から金銭その他の物を受け取る前に当事者の一方が破産手続開始の決定を受けたときは，その効力を失う。

④ 消費貸借がその内容を記録した電磁的記録によってされたときは，その消費貸借は，書面によってされたものとみなして，前三項の規定を適用する。

（利息）

第589条　①　貸主は，特約がなければ，借主に対して利息を請求することができない。

②　前項の特約があるときは，貸主は，借主が金銭その他の物を受け取った日以後の利息を請求することができる。

（返還の時期）

第591条　①　当事者が返還の時期を定めなかったときは，貸主は，相当の期間を定めて返還の催告をすることができる。

②　借主は，返還の時期の定めの有無にかかわらず，いつでも返還をすることができる。

③　当事者が返還の時期を定めた場合において，貸主は，借主がその時期の前に返還をしたことによって損害を受けたときは，借主に対し，その賠償を請求することができる。

第2節　信用型の契約：消費貸借など

　本章では，権利非移転型の契約を三つに分けて説明している。本章の第1節では，第一類型＝利用型契約として，賃貸借について話したが，ここでは，第二類型＝信用型契約をとりあげたい。民法典に定められた類型としては，消費貸借契約――金を貸す契約――がこれにあたるが（I），これと並んで，特別法や判例によって規律されている重要な契約類型が存在するので，それらも含めて検討したい（II）。

　なお，「信用」は民法の概念ではないが，「相手を信頼して，その債務の履行を将来に繰り延べること」だと考えればよいだろう。そして，実際には，ここで言う債務は金銭債務である場合がほとんどであるので，履行期まで支払を猶予して資金の利用を許すという機能を持つことになる。つまり，信用を与える（信用供与・与信とも言う）とは，経済的な意味では「金を貸す」ことだが，それは，法的には必ずしも「金を貸す」という契約によって実現されるわけではないことに注意する必要がある。

I 基本型：消費貸借

狭い意味（法的な意味）で「金を貸す」契約である消費貸借から見ていこう。この契約については，民法典の規律以上に，特別法による規制が重要である。

1 民法典の規律

（1） 成立・効力

まず，成立について。**消費貸借**は，一方の当事者（借主）が，種類・品等・数量の同じ物を返すことを約束して，相手方（貸主）から目的物を受け取ることによって成立する（民587条）。ここで大事なことは次の2点である。第一に，消費貸借は，その物自体を返す契約ではないということ。借りた物自体は使ってしまうので（消費），同種・同等・同量の物を返せばよい。それゆえ，同種・同等・同量のものが存在するような物であれば，金銭以外でも目的物とすることができる（たとえば，米。昔はもみ米を借りて収穫後に返すということがあった）。しかし，実際に重要なのは金銭の貸借であることは言うまでもない。第二に，消費貸借の成立には，目的物の現実の授受が必要であるということ。すなわち，消費貸借は，原則としては諾成契約ではなく**要物契約**である[1]。

次に，効果について。ここでも2点に注意が必要。第一に，要物契約である消費貸借においては，貸主には，特に大きな義務は残らないということ。もちろん，貸主は目的物を借主に交付しなければならないが，これを行ったところではじめて契約が成立するので，成立後にこの義務が残ることはない。消費貸借において，将来に向かって義務を負うのは借主だけなのである（厳密に言えば，貸主も担保責任は負う〔民590条〕）。このように，一方当事者だけが義務を負う契約を「**片務契約**」と呼ぶ（反対概念は「双務契約」）[2]。第二に，借主の義務であるが，借主は契約終了時に目的物（同種・同等・同量の物）を

---

1) 立法の経緯やローマ法以来の歴史につき，広中105頁，108-110頁。
2) 利息付消費貸借は双務契約であるとの見方もある（鈴木375頁，北川51-52頁など）。

返還する義務を負う（民 587 条）。しかし，利息の支払は必ずしも必要ではない。金銭を借りた場合には必ず利息を付けて返すというわけではなく，利息なしで借りることもできる。もちろん，利息の合意をすることも可能だが，契約成立に利息付の約束が必要なわけではない。民法典は無利息の消費貸借の方を原則としているのである（このことは，新 589 条 1 項によって明文化された）。

◆　**諾成的消費貸借の可否**

ところで，以上の要件・効果に関しては，利息付の消費貸借は諾成契約とすべきではないかという問題がある。このような要請は，実務・理論の双方から寄せられてきた。

実務上の問題は，大判昭 11・6・16 民集 15-1125 に現れている。金融機関が金銭を貸し付ける場合，公正証書の作成や抵当権の設定を行った後で金銭の交付が行われるのが普通である。そうすると，証書作成時・抵当権設定時には，それらに対応する債権はまだ成立しておらず，それらは不存在の債権を前提とするものであるということになってしまいそうである（本書 131 頁以下の契約書様式サンプル参照。これは実際に使われているものだが，受領方法の定めがあり，受領よりも前に作成されることが予定されている）。大審院は，この難点を回避するために，合意と目的物の授受とは厳密に同時に行われる必要はないとし，契約成立時を幅のあるものとしてとらえる（合意のときに始まり目的物授受によって完成すると考える）ことによって，先の批判はあたらないとした。

さらに，理論的な観点からは，諾成性は有償性と結びついて認められてきたものであるので，有償の（利息付の）消費貸借については合意のみによる契約の成立を認めてよいと説かれてきた[1]。なお，旧 589 条（新法では削除。新 589 条は利息に関する新規定）によって消費貸借の予約が認められるのだから，諾成の消費貸借を認めてもおかしくないことも，あわせて論拠とされた。

▌　**コミットメント・ライン契約**[2]　企業が金融機関から融資を得る際に，1 回ご　▌

---

1)　広中俊雄「消費貸借を要物契約とした民法の規定について」同・契約法の理論と解釈（創文社，1992，初出，1957）。

とに審査を経た上で契約を締結するのは面倒である。そこで，予め一定の融資枠を設定した上で，その範囲内であれば企業の求めに応じて自動的に融資を行う（貸す義務を負う。その代わりに手数料を徴収する）約定がなされるようになった。これをコミットメント・ライン契約（特定融資枠契約）と呼んでいる。この契約における手数料は，利息制限法・出資法における利息（後述）にあたるか否かにつき疑義があったが，1999年に特定融資枠契約法が制定されて，上記二つの法律の適用除外とすることが定められた。以上のような性質からして，特定融資枠契約は要物契約ではありえないが，このような契約の存在が法律によって承認されたのは，消費貸借の要物性との関連においても興味深い。

書面でする消費貸借〔債権法改正〕　新法は，書面でする消費貸借については，物の引渡しを要せずに行いうる旨を規定している（新587条の2第1項）。もっとも，物の引渡しまでは借主は契約を解除することができるので（同条2項。ただし損害賠償は必要），完全な諾成化が実現したわけではない。

(2) 終　了

期間については当事者が合意によって自由に決めてよい。期間が定まっていれば，その満了時に借主は目的物を返還する義務を負うことになる（民412条1項）。また，期間の定めをしなくともかまわないが，その場合，貸主は相当の期間を定めて返還の催告をすることができる（民591条1項）。期限の定めのない債務の弁済期に関する一般規定は民法412条3項であり，この規定によれば，請求によって期限が到来することになる。たとえば，売買代金の場合にはこの規定が適用される。しかし，消費貸借の場合，借りた直後に返せと言われるのでは契約を締結した意味がない。だから，借りたことに意味があるような一定の期間を過ぎた後でなければ返還請求はできない。これが民法591条1項の趣旨である。もっとも，借主の側は原則としていつでも返還できる（民591条2項）。ただし，利息付消費貸借の場合には，貸主に利息全額を払うことが必要だとされている。新591条3項はこのことを一般化した形で定めている。

2）　これにつき，潮見334頁以下を参照。

| 住宅ローン |
| アパートローン |
| （　　　　　）ローン |

店番号 ｜｜｜｜ 取引先コード ｜｜｜｜｜｜ 証書番号 ｜｜｜｜

証書貸付ローン（有担保）用

個人ローン契約書
（金銭消費貸借契約証書）

（収入印紙）

株式会社ABC銀行

令和　　年　　月　　日

実印　　　返済用預金
　　　　　口座届出印

住　所

（借主）　氏　名

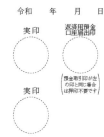

預金取引印が左
の印と同じ場合
は押印不要です

住　所

実印

（連帯保証人）　氏　名

　借主は、株式会社ABC銀行（以下「銀行」といいます）から交付を受けた個人ローン規定書を承認のうえ銀行から下記〔借入要項〕のとおり金銭を借り受けることを約諾しました。

〔 借 入 要 項 〕

借　入　日		年　　　　　月　　　　　日	
借　入　金　額 (該当の借入方式に〇印をつけて下さい)	[　]変動金利借入　[　]上限金利設定借入 [　]固定金利選択借入　[　]固定金利借入	金　　　　　円	①
	[　]変動金利借入　[　]上限金利設定借入 [　]固定金利選択借入　[　]固定金利借入	金　　　　　円	②
	合　　計	金　　　　　円	①＋②
内　　訳		毎 月 返 済 部 分	半年ごと増額返済部分
	①	金　　　　　円	金　　　　　円
	②	金　　　　　円	金　　　　　円
利　　率	①	年　　　　　％	
	②	年　　　　　％	
最終回返済日	年　　　　　月　　　　　日		
返　済　回　数	回		
借入金使途			

権限者	照合

受　領　方　法	借入金の受領は、次の方法によります（該当の受領方式に○印をつけて下さい）。 〔　〕借主名義の預金口座への入金の方法によります。 　　　〔　口座種類　〔普通・　〕　　口座番号　　　　　　　　　　　　〕 〔　〕提携先の預金口座への直接振込を銀行に委任します（ただし、提携方式の場合にかぎります）。 　　　〔　提携先名称　　　　　　　　　　　　　　　　　　　　　　　　〕				
元利金の返済方法	（該当の返済方式に○印をつけて下さい） 〔　〕元利均等返済　・　〔　〕期限一括返済 （ただし、住宅融資つなぎローンの場合にかぎります）				
第1回返済日（利息支払日）	年　　　　　　月　　　　　　日				
返　済　日（利息支払日）	毎月　　　　　日		増額返済月	毎年　　　月、　　　月	
期間毎元利金返済額	①	返済期間	年　月　日～　年　月　日	年　月　日～　年　月　日	
		毎月返済	金　　　　　　　円	金　　　　　　　円	
		半年ごと増額返済	金　　　　　　　円	金　　　　　　　円	
	②	返済期間	年　月　日～　年　月　日	年　月　日～　年　月　日	
		毎月返済	金　　　　　　　円	金　　　　　　　円	
		半年ごと増額返済	金　　　　　　　円	金　　　　　　　円	
返済額指定期間終了日	年　　　　　　月　　　　　　日				
標　準　金　利 （変動金利借入または上限金利設定借入）	（該当の型に○印をつけて下さい） 〔　〕短期プライムレート連動　　　　〔　〕長期プライムレート 　　　長期貸出金利の最優過金利　・　（ただし、提携方式の場合にかぎり、また、 　　　　　　　　　　　　　　　　　　　上限金利設定借入の場合は該当しません）				
当初借入利率の決定方式 （変動金利借入または上限金利設定借入）	（該当の型に○印をつけて下さい） 〔　〕年２回変更型　・　〔　〕随時変更型				
上限利率設定期間終了日 （上限金利設定借入のみ）	①　　　年　　　月　　　日 ②　　　年　　　月　　　日	上限利率（上限金利設定借入のみ）		①　年　　　　％ ②　年　　　　％	
上限利率設定期間の確認 （上限金利設定借入のみ）	私は上記のとおり、借入日から上限利率設定期間終了日まで の「上限利率設定期間」を設定することを確認します。			実印	
固定金利適用期間終了日 （固定金利選択借入のみ）	①　　　　年　　　　月　　　　日 ②　　　　年　　　　月　　　　日				
固定金利適用期間の確認 （固定金利選択借入のみ）	私は上記のとおり、借入日から固定金利適用期間終了日まで の「固定金利適用期間」を設定することを確認します。			実印	
団体信用生命保険付保 （該当の付保方法に○印をつけて下さい）	〔　〕付保する　　実印		〔　〕付保しない　　実印		
返済用預金口座	店　名	口座種類		口座番号	

　なお，合意により「期限の利益」喪失条項が入れられることがあるが，これは実際には非常に重要である（民136条・137条参照）。たとえば，割賦弁済の場合，1回でも弁済を怠った場合には，期限の利益を失う（全額を直ちに返さなければならない）という条項が入れられることが多い。

② 特別法による規制

　先ほど述べたように，民法典の上では，無利息消費貸借が原則ではある。しかし，実際には，消費貸借のほとんどは利息付消費貸借である。そこで，利息の規制が重要な問題として出てくる。従来，契約各則の消費貸借の部分には，利息に関する規定は正面からは置かれていなかったが（ただし，旧590条1項は利息付消費貸借に言及していた），新法では，利息付きの特約が可能なことが明示されるに至った（新589条1項。2項は利息の発生時期につき定める）。

（1）　利息制限法[1]

　利息に関する規制は民法上は存在しない。しかし，利息制限法という特別法によって，利息は一定の率に制限されている（利息1条）。具体的には次のようになっている（図表8-1）。なお，遅延損害金については，それぞれ利息の1.46倍を限度とする規制がかかっている（利息4条）。

図表8-1　利息制限法による制限利率

	（利　息）	（遅延損害金）
X<10万円 →	年20%	年29.2 %
10万円≦X<100万円 →	年18%	年26.28%
100万円≦X →	年15%	年21.9 %

　これについては，次の3点を補足しておく必要がある。第一に，ここでいう利息は実質的な意味での利息である。名目のいかんを問わず（利息3条），また，天引きがされた場合（たとえば，5万円を借りるのに1万円が利息として予め引かれた場合）には，現実の受領額（現実に交付された4万円）を元本として

　1）　大河純夫「利息の制限」民法講座5。なお，小野秀誠・利息制限法と公序良俗（信山社，1999）も参照。

計算する（利息 2 条。利率は 20% ではなく 25% と計算される）。第二に，制限超過利息も任意に支払えばその返還を請求することができなくなる（2006 年改正前利息 1 条 2 項）。つまり，制限超過部分は債務が存在しないわけではなく，裁判上請求できなかったということ。第三に，制限超過利息をとるのは民事上は違法だが刑事上は違法でないということ。刑事規制としては，出資法 5 条で，年 109.5% という利率以上の利息に対して，罰金を科している。

　以上の第 2 点，第 3 点は次のことを意味する。つまり，少なくとも規定上は，利息制限法の規制を超過する利息であっても，相手が払うならばとってしまっても，犯罪にはならないし，返還の必要もなかったということである。サラ金のような高利の融資が行われるのはこの結果であった（民事違法・刑事適法のゾーンをグレイ・ゾーンと呼んでいる）。

（2）　貸金業規制法

　しかし，実際には，最高裁は，利息制限法の明文の規定にもかかわらず，超過利息について返還請求を認めるという立場をとった（最大判昭 43・11・13 民集 22-12-2526）。これは消費者金融業者（当時は「庶民金融」と呼ばれていた）にとっては厳しいものであった。消費者金融業者は何とか巻き返しをはかりたいと願っていた。

　その機会は 15 年後の 1983 年にやってきた。当時，消費者金融が社会問題となったために，いわゆる消費者金融二法が制定された（旧貸金業規制法と改正出資法）。利息制限に限って言うと，出資法の刑事違法金利が引き下げられるのと抱き合わせで，最高裁判例の適用領域に制限が設けられることになった。具体的には，刑事違法とされる金利の上限は，業者が貸主の場合，40.004% にまで引き下げられたが，あわせて，2006 年改正前貸金業規制法 43 条により，超過利息が任意に支払われた場合には，その弁済は有効であるとみなす（＝返還請求はできない）ことが定められたのである。結局，消費者金融二法は，消費者金融業者に対して，厳しい規制をかける代わりにおいしいところも残すという，いわば「アメとムチ」の立法であったことになる。その後，2006 年の法改正により，刑事違法金利の上限が引き下げられ（20 %），グレイ・ゾーンはなくなり，旧貸金業規制法 43 条は削除された[1]。

　以上の規制を全体として図示すると次のようになる（**図表 8-2**）。

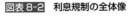

図表 8-2　利息規制の全体像

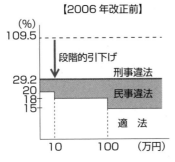

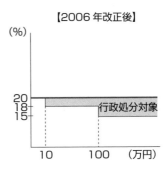

利息制限法等と債権法改正〔債権法改正〕　　債権法改正においては，利息制限法など利息に関する法律の改正や統合は議論の対象とされなかった。借地借家法について述べたのと同様の理由によるのだろう。しかしながら，消費貸借につき利息に関する規定（新 589 条）が新設されたことを考えるならば，利息制限法の規定をあわせて民法典に取り込むことは，理論上は望ましいと言うべきだろう。

Ⅱ　派　生　型

　後半は，消費貸借以外の信用型契約を見てみよう。紙幅の関係でごく簡単にふれるにとどめる。詳しくは，消費者法や商行為法の概説書を参照してほしい。

1　売主型与信：割賦販売
（1）意　　義

　信用供与には貸主与信（消費貸借）と売主与信（売買）とがある。**売主与信**というのは，平たく言えば，「代金の支払を待ってくれる」ということであ

1）　利息制限法・貸金業規制法をめぐる立法と判例の関係につき，大村敦志「生成過程から見た消費者法(その 1)判例による立法の克服」消費者法研究 6 号（2019）。

る。たとえば，酒屋や米屋でツケで買って，月末にまとめて支払をするのも
これにあたる。

　これが与信であることは次のことからもわかる。AがBにある商品を売
り，代金は月末払でよいとする。これに対して，AがBにある商品を売り，
同時に，月末期限でお金を貸し，それで代金を払ってもらうことにする。こ
の二つは実質的には同じことだが，後者は消費貸借にほかならない。

> **準消費貸借**　本文で述べた二つの間に，代金は貸したことにするという方
> 法もありうる。このように，これまでに存在した債務（ここでは代金債務）に
> つき，これをお金を貸したことに改めることは，ときどき行われる（たとえば，
> 弁済期の異なる代金債務を一つの金銭債務にまとめる，など）。このような契約
> を「準消費貸借」と呼んでいる（民588条）。

　ところで，売主型の与信のうち割賦販売に対しては，そこから生ずる問題
に鑑みて，**割賦販売法**（1961年成立，72年改正，84年改正，99年改正，2008年改
正）による規制がなされている。

（2）　規　制　内　容

　割賦販売法による割賦販売規制の内容を見てみよう。まず，注意すべきは
割賦販売法はすべての売主与信を規制対象としているわけではないというこ
とである。そこでの「割賦販売」とは，代金を2カ月以上にわたり，かつ，
3回以上に分割して払うものを言う（割賦2条1項1号）。つまり，月末一括
払というような与信は割賦販売にあたらない。なぜここに言う割賦販売だけ
が規制されるのかと言うと，次のような事情がある。割賦販売の場合，現金
払価格に金利分などを加えた割賦販売価格が設定されるのが普通であるが，
このような価格を示されただけでは，実際にはどのくらいの金利を負担して
いることになるのかわからない。そのため，後払いだからいいや，というこ
とで安易に買物をしがちになる。そこで，情報をきちんと示し，必要な規制
を加える必要があるということで立法がなされたわけである。

　具体的には，一方では，開示義務（割賦3条），書面交付義務（同4条・4条
の2）が課されるとともに，他方，契約の解除や違約金に制約をかけている

（同5条・6条）。後者についてもう少し補足すると，事業者側からの解除には，20日以上の催告期間が必要とされており（民541条の「相当の期間」の下限を法定したことになる），違約金については，当該商品の割賦販売価格を上限とするとともに，商品が返還された場合にはその価額を控除するものとしている。

② 提携型与信：クレジット契約

(1) 類　型

信用型の契約としては，さらに，いままでに述べた貸主与信と売主与信との中間のような形態が存在する（図表8-3）。すぐ後で述べるように，それらにはいくつかのパターンがあるが，この中間形態に共通の特徴は，売主と提

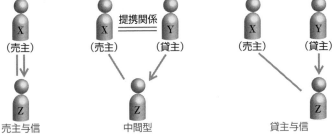

図表8-3　提携型の与信①（売主型・貸主型の対比）

売主与信　　　　　　中間型　　　　　　貸主与信
＊実線は販売を，矢印は与信を表す

図表8-4　提携型の与信②（主要な契約類型）

①信用購入あっせん　　②ローン提携販売　　③リース
＊Xは販売会社，Zは顧客
＊①ではX・Y間に加盟店契約があり，YからXに立替払がなされる
　②ではX・Y間に提携関係があり，Zへの貸付につきXが保証をする
　③ではX・Y間に売買，Y・Z間は賃貸借と構成される

携関係にある貸主が与信を行うところにある。

　まず，実際に存在する代表的な契約類型を紹介し（**図表8-4**），その上で，問題点について検討しよう。

　第一に，一般に「クレジット契約」と呼ばれるものがある。これは法律上は「**信用購入あっせん**」と呼ばれている（割賦2条3項・4項）。XがZに商品を販売し，その代金をYがXに立替払し，YはZから立替金の支払を受けるというものである。カードを用いるもの（包括信用購入あっせん）と用いないもの（個別信用購入あっせん）とがある。

　第二に，やや広い意味でクレジットに含まれるものとして，法律上「**ローン提携販売**」と呼ばれるものがある（割賦2条2項）。XがZに販売し，その際に，代金支払のためにYから金銭を借り入れるZの保証人になるというものである（この場合にも代金相当額はYからXに直接に払われる）。

　第三に，ある意味ではクレジットと言えるものとして，**リース**（英語の賃貸借）と呼ばれるものがある。リースには制定法による法規制がかかっておらず（ただし，判例による規制はなされている），したがって，この名称も法律上の名称ではない。ZはXの販売する商品を得たいが，現金購入を望まない場合，第一・第二の方法以外に，リースによることも可能である。すなわち，リース会社Yに商品を購入してもらい，Yからこれを借りて賃料を払うという形をとるのである。

（2）問 題 点

　以上のような契約形態は，三当事者のそれぞれにメリットをもたらす（Xは自分で与信をする必要がなく，Yは顧客を探す手間が省ける，Zは容易に与信を受けられる）。そのためいずれも著しい発展を見た。しかし，法的な問題点もないわけではない。特に，Yによって作成された契約書（約款）が使用されるため，Zの権利は必ずしも十分に確保されているとは言えないのが現状である（⇒UNIT 3/4 I **1**(2)）。具体的に見ていこう。

　まず，割賦販売法による規制がかかっている包括信用購入あっせん，ローン提携販売について。これらについては，割賦販売と同様に（⇒**1**(2)），開示義務（割賦29条の2・30条），書面交付義務（同29条の3・30条の2の3）が課されている。また，包括信用購入あっせんについては，解除・違約金の制

限に関する規定も置かれている（同30条の2の4・30条の3）。しかし，次の
ような大きな問題がある。それは「抗弁の対抗」と呼ばれる問題である。

◆　**抗弁の対抗**
　　（接続）

　たとえば，クレジットカードで買物をする場合を
考えてみよう。ZはXから商品を購入する。そ
して，カードで支払をする。カードで支払をする
ということは，Y・Z間に結ばれているカード会員契約（包括信用購入あっせ
ん）により，YがXに支払を行い，その後，Zに対して請求をするというこ
とである。この場合に，仮に，契約後1週間でなされるはずの商品の配達が
なされなかったとしよう。この場合，どうなるだろうか。

　かつて，Yは次のように主張していた。商品の引渡しの有無はX・Z間の
問題でありY・Z間の契約とは無関係である，だから，立替金は支払え，と。
しかし，Zの立場からするとこれは納得がいかない。もしZが割賦販売で
商品を購入したとすれば，引渡義務の未履行に対しては，分割払の代金の支
払を拒むことができるはずである（同時履行の抗弁）。それなのに，Xが与信
機能を切り離してYに分担してもらうことによって，このような主張がで
きなくなるのはおかしいではないか。これがZ側の主張である。双方の主
張を図示すると次のようになる（**図表 8-5**）。

図表 8-5　抗弁の対抗の可否

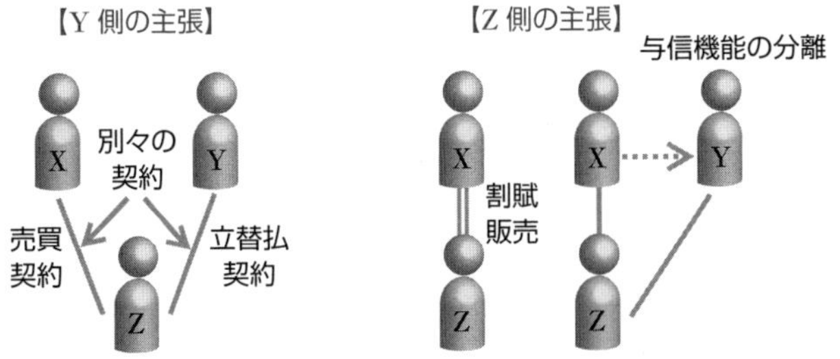

【Y側の主張】　　　　　【Z側の主張】　　　与信機能の分離

　そこで，下級審は，1980年頃から様々な法律構成によって，Z側のこの
ような主張（**抗弁の対抗**）を認めてきた。そして，1984年の割賦販売法改正
によって，30条の4が新設され，割賦購入あっせん（当時。現在の包括信用購

入あっせん）については抗弁の対抗が認められることが条文上も明記されることとなった。このときに，規定が設けられたのは割賦購入あっせん（同前）についてのみであり，ローン提携販売は規制の対象とならなかった。しかし，1999年の割賦販売法改正により，ローン提携販売についても抗弁の対抗が認められるに至った（同29条の4第2項→30条の4）。また，この規定で認められるのは抗弁の対抗までであり，すでに払った代金の返還請求などは認められていない。それゆえ，学説の多くは，この規定を拡張的に適用すべきだとしている。しかし，最判平2・2・20判時1354-76〈54〉は，30条の4第1項を創設的な規定（例外的な規定）であるとし，その拡張に消極的な態度を示した。学説は，現在，その主張するような拡張適用を正当化できるような理論の開発を迫られているという状況にある（クレジット契約のように密接な関係にある複数の契約の相互関係を考える際には，その密接性を効果のレベルでも反映させるべきだとする理論。「複合契約論」と呼ばれる領域)[1]。

　次に，制定法の規制はかかっていないリースについて見てみよう。リースについては，抗弁の対抗に対応する問題は次のような形で現れる。リースの場合，X・Z間には契約はなくY・Z間の契約は賃貸借の形式をとっているので，仮にXからの引渡しがなくとも，ZはXに対して引渡請求をすることができない。実質に即して見るならば，ZはXから商品を購入したのに近い立場にあるのに，このような請求ができないのは不都合である。しかし，Zは賃貸借契約にもとづいてYに対しては，使用させよと請求することはできるはずである。ところが，Yはこのような義務は負わないという特約を契約に入れているのが普通である。そうなると，Zは誰にも請求ができないことになってしまう。そこで，何とかXへの直接請求を認めようという解釈が試みられている（YのXに対する権利を譲り受けている，等々）。

> **担保リースと真性リース**　　リースについては，他にもいろいろ問題があるが省略し，クレジットのためのリース（リース会社側から見れば，担保リース。融資の際の担保としてのリースで，これを**ファイナンス・リース**と呼ぶことが多

---

1)　この問題については，都筑満雄・複合取引の法的構造（成文堂，2007）を参照。

い）と，本物の動産賃貸借（真性リース）の区別についてふれておこう。一言で言ってしまえば，担保リース（ファイナンス・リース）というのは，目的物の使用価値を借主 Z が使い切りその対価を支払うものである。つまり，実質的には Z が所有権を取得したのと同じことになる。これに対して，真性リースというのはそうでなく，使用価値の一部のみを得るものである。CD や DVD を 3 日借りたからといってその物の残存価値がなくなるわけではない。最近では，これを**レンタル**と呼ぶことが多い。そして，これには民法の賃貸借法が修正なしにあてはまることになる。もっとも，実際には約款が使われていて民法のルールが修正されていることが多いだろう。

クレジット・リースと債権法改正〔Unbuilt〕　　債権法改正においては，クレジット契約につき，消費貸借との関連で抗弁の接続に関する規定を置くことや，賃貸借類似の契約としてリース契約につき特別な規律を行うことが検討された（前者につき論点整理第 44 の 5，後者につき中間試案第 38 の 15（1））。しかし，新法にはいずれの提案も残らなかった。結果として，新法は，新たな契約類型の承認については，非常に消極的な態度を示すこととなったが，契約類型（ひいては契約法）の存在意義が十分に理解されなかったということだろう（⇒**補論**）。

MAIN QUESTION

どのように信用供与を行うか？

KEY SENTENCES

■信用を与える（信用供与・与信とも言う）とは，経済的な意味では「金を貸す」ことだが，それは，法的には必ずしも「金を貸す」という契約によって実現されるわけではないことに注意する必要がある。

■消費貸借の場合，借りた直後に返せと言われるのでは契約を締結した意味がない。だから，借りたことに意味があるような一定の期間を過ぎた後でなければ返還請求はできない。これが民法591条1項の趣旨である。

■少なくとも規定上は，利息制限法の規制を超過する利息であっても，相手が払うならばとってしまっても，犯罪にはならないし，返還の必要もなかった。……しかし，実際には，最高裁は，利息制限法の明文の規定にもかかわらず，超過利息について返還請求を認めるという立場をとった。

■中間形態（の信用型契約）に共通の特徴は，売主と提携関係にある貸主が与信を行うところにある。

TECHNICAL TERMS

信用　消費貸借　要物契約・片務契約　「期限の利益」喪失条項　利息　売主与信　割賦販売法　信用購入あっせん　ローン提携販売　リース　抗弁の対抗　ファイナンス・リース　レンタル

REFERENCES

長尾治助・消費者信用法の形成と課題（商事法務研究会，1984）
竹内昭夫・消費者信用法の理論（有斐閣，1995）

　消費者法研究の担い手の主要な一人であった長尾治助・竹内昭夫両教授の論文集で，表題のテーマに関する研究を集めたもの。なお，消費者法全般については，竹内昭夫・「消費者保護」現代の経済構造と法（筑摩書房，1975）が先駆的な業績であるが，最近のものとして，大村敦志・消費者法（有斐閣，第4版，2011）も参照。

■ UNIT 9　雇用・請負・委任など──役務提供の規律は十分か？

■参照条文■　623条〜631条，632条〜642条，643条〜656条，
　　　　　　657条〜666条

（雇用）

第623条　雇用は，当事者の一方が相手方に対して労働に従事することを約し，相手方がこれに対してその報酬を与えることを約することによって，その効力を生ずる。

（請負）

第632条　請負は，当事者の一方がある仕事を完成することを約し，相手方がその仕事の結果に対してその報酬を支払うことを約することによって，その効力を生ずる。

（注文者による契約の解除）

第641条　請負人が仕事を完成しない間は，注文者は，いつでも損害を賠償して契約の解除をすることができる。

（委任）

第643条　委任は，当事者の一方が法律行為をすることを相手方に委託し，相手方がこれを承諾することによって，その効力を生ずる。

（受任者の注意義務）

第644条　受任者は，委任の本旨に従い，善良な管理者の注意をもって，委任事務を処理する義務を負う。

（委任の解除）

第651条　①　委任は，各当事者がいつでもその解除をすることができる。

②　前項の規定により委任の解除をした者は，次に掲げる場合には，相手方の損害を賠償しなければならない。ただし，やむを得ない事由があったときは，この限りでない。

一　相手方に不利な時期に委任を解除したとき。

二　委任者が受任者の利益（専ら報酬を得ることによるものを除く。）をも目的とする委任を解除したとき。

第*3*節　役務型契約：雇用・請負・委任など

　非権利移転型契約の第２類型としての信用型契約に続き，第３類型である役務型契約をとりあげたい。「役務」とは人の行為のことであり，役務型の契約とは簡単に言えば，何らかの形で人手を貸す契約であると言える。同じことを「サービス契約」と呼ぶこともある。

　以下においては，民法典に規定の置かれた三つの契約——雇用・請負・委任——を中心に検討を進めるが，まず，これらの契約についての概観を行った上で（Ⅰ），解釈論上の問題点について検討を加えたい。なお，基本的なものをまずとりあげることにし（Ⅱ），やや特殊な問題や難しい問題は後ろに回すことにする（Ⅲ，Ⅳ）。

I　概　　観

　役務型の契約として，民法典は，雇用・請負・委任・寄託の 4 種について規定を置いている。このうち，寄託は他の 3 種に比べて役務の内容が特定されている。すなわち，物を預かるということに特化された契約である。また，寄託は実際には有償で営業として行われていることが多い。倉庫営業がそれであり，商法 599 条以下に規定がある。それゆえ，民法上の契約としては，他の三つに比べて重要性が乏しい。そこで，以下においては，寄託を除き，より一般的で重要な三つの契約——雇用・請負・委任について説明していくことにしたい。まず，それぞれがどのようなものかを述べて，その上で，相互の相違について考えることにする。

　　消費寄託　　寄託のバリエーションとして，受寄者に受寄物の消費が許される場合があり，消費寄託と呼ばれている（民 666 条）。その法律関係は消費貸借に類似するので，消費貸借の諸規定が準用されている（新 666 条 2 項・3 項）。ただし，寄託の性質からして，返還の時期を定めなかった場合には寄託者はいつでも返還請求をなしうる（民 662 条参照）。この点に消費貸借の場合（民 591 条 1 項。この規定は新 666 条 2 項による準用の対象外）との違いがある。
　　消費寄託の例としては，銀行預金があげられる。銀行預金の法律関係に関しては約款によって定められている部分が多いが，検討を要する問題もある。たとえば，最近，判例に現れたものとしては，誤振込みに関するものがある[1]。最判平 8・4・26 民集 50-5-1267 [72]〈106〉は，誤って他人（A）の口座に振込みがなされた場合にも，口座名義人（A）と銀行（B）との間に振込金額相当の普通預金契約が成立するとした（事案は，A の債権者 Y が当該預金に対して強制執行を行うのを，振込依頼人 X が阻止できるかどうかが争われたものであり，最高裁は，X の第三者異議の訴えを斥けて，X は A に対して不当利得返還請求をなしうるだけであるとした。（次頁**図表 9-1**）。

---

1)　参照，森田宏樹「振込取引の法的構造」，山本敬三「振込委託契約と仕向銀行の責任」，いずれも中田裕康＝道垣内弘人編・金融取引と民法法理（有斐閣，2000）所収。

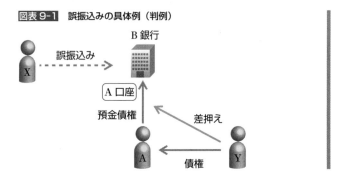

図表9-1 誤振込みの具体例（判例）

1 類 型

（1）雇 用

雇用は，一方（労働者）が労務に服することを約し，他方（使用者）がこれに報酬（賃金）を支払うことを約するという契約である（民623条）。すなわち，雇用契約は有償契約かつ諾成契約であり合意のみで成立する。そして，**労働者**は**労務提供義務**を，使用者は**賃金支払義務**をそれぞれ負うことになる。民法典には，雇用契約につき，賃金支払時期に関する規定（民624条）や契約期間や解約申入れに関する規定など（民626条～628条）が置かれている。しかし，これらの点については，**労働基準法**（第2章労働契約，第3章賃金）などの法律による規制がなされており，民法典の規定が適用されることはほとんどない。また，労働基準法では，労働時間に関する規制もなされ（第4章），年少者・妊産婦等に関する保護規定も置かれている（第6章，第6章の2）。さらに，2007年には**労働契約法**が制定されて，労働契約の成立・変更・継続・終了を規律するに至っている。

なお，労働契約に関する規制は労働組合に関する規制などとあわせて，今日では労働法という独自の法領域を形成するに至っている[1]。それゆえ，労働基準法による規制の詳細については労働法の講義に委ねる[2]。そうはいう

---

1) 民法の概説書で，労働法の生成につき比較的詳しく説明するのは，広中246-248頁，星野243-246頁など。
2) たとえば，菅野和夫・労働法（弘文堂，第10版，2012），同・新・雇用社会の法

ものの，判例によって民法的な対応がなされてきた若干の問題——具体的には安全配慮義務・解除権濫用という二つの法理——については，後でふれることにしたい（⇒Ⅱ**1**(1)，Ⅱ**2**(1)。現在では労働契約法に規定も置かれているので，労働法の講義でもふれられるだろう）。また，労働契約については，消費者契約とあわせて後述する（⇒UNIT 12）。

　　雇用規定と債権法改正〔債権法改正〕　　債権法改正においては，雇用規定をどのように扱うかも検討された。民法と労働契約法の関係をどう調整するかはともかくとして雇用規定が分散して配置されている状況は問題であるとの認識が示されていたが，具体的には，引き続き雇用に関する規定を民法に置くこととし，安全配慮義務や解雇権濫用法理に関する規定を（民法にも）加えることも検討されていた（論点整理第51の1）。しかし，新法においては，626条につき修正がはかられたほかは，後述する割合に応じた報酬支払に関する規定（新624条の2）が新設されたにとどまった。なお，労働法との関係に関しては，役務提供契約に関する規律が及ぶか否かが論じられたが，後述するように，役務提供契約については新たな規定が置かれるには至らなかった⑪。そのため問題自体が消滅してしまった。

(2)　請　　負

　請負は，一方（請負人）がある仕事を完成することを約し，他方（注文者）がそれに対して報酬を支払うことを約することによって成立する契約である（民632条）。すなわち，請負契約もまた有償かつ諾成の契約であり，合意のみによって成立する。ただし，**建設業法**や**下請代金支払遅延等防止法**は，書面等の作成や交付を要することとしているが[1]，これは契約成立の要件ではない。請負人は**仕事完成義務**を負うが，仕事の内容が物の製作である場合には，完成物の引渡義務もこれに含まれる。これに対して，注文者は**報酬支払義務**を負う。報酬の支払時期については，民法633条は目的物引渡時・仕事終了時としているが，これは任意規定である。また，新法では，**割合に応じ**

　（有斐閣，補訂版，2004），荒木尚志・労働法（有斐閣，第2版，2013）などを参照。
1)　建設業法19条，下請代金支払遅延等防止法5条。

た報酬に関する規定が設けられたが（新634条），これについては後述する。そのほか，瑕疵担保と注文者の解除権につき重要な規定があるが，これらについても，後で問題点を説明することにしよう（⇒Ⅱ**1**(2)，Ⅱ**2**(2)）。

　なお，建設請負の場合には，約款（特に「民間（旧四会）連合協定工事請負契約款」。以下，民間連合約款）の果たす役割が重要である。危険負担や担保責任に関する修正がはかられるとともに，報酬につき変更を認める条項が置かれているのが注目される（同約款29条）。

(3)　委　　任[1]

　委任は，一方（委任者）が法律行為またはそれ以外の事務の処理を委託し，他方（受任者）がこれを承諾することによって成立する契約である（民643条・656条）。雇用・請負と同様，委任もまた諾成契約であり合意のみで成立する。もっとも，請負と同じく，特別法によって書面交付義務が課されることはある（不動産取引の仲介につき**宅建業法**の規定がある）[2]。なお，雇用・請負と違って，報酬の支払が契約の成立要件とされていない。報酬を特約することはできるが（民648条１項），あくまでも特約によるものであり，このことは法典上は無償が原則であることを示していると解されてきた[3]。

> **648条１項の意味変化〔債権法改正〕**　648条１項は，委任は無償を原則とすることを示すものと解されてきたが，これは実情にあわないという批判があったため，債権法改正においては，この規定の削除が検討された（中間試案第41の４(1)）。結局，削除には至らなかったが，これによって無償を原則とすることが再確認されたわけではない。

　委任契約が成立すると，受任者は**事務処理**の義務を負う。その際，受任者は，「**善良な管理者の注意**」を払わなければならない（民644条）。この注意義務のレベルは様々な事情を考慮して決定されるが，頼まれて他人の事務を処理するのにふさわしいレベルの注意義務であることは確かであり，「**自己の**

---

1)　岡孝「委任」民法講座5，同「651条（委任の解除）」民法典の百年Ⅲ。
2)　宅建業法35条・37条。
3)　歴史的な経緯につき，広中276-277頁，285頁。

財産に対するのと同一の注意」（民 659 条）では足りない。また，受任者は委任者に対して報告義務その他の義務を負う（民 645 条〜647 条）。さらに，受任者は，委任終了後も一定期間事務処理を継続する義務を負う場合がある（民 654 条）。

これに対して，委任者は，特約があれば報酬支払義務を負う（民 648 条）。しかし，消費貸借の場合と同様，今日では有償の委任がほとんどであろう。明示の特約がなくとも黙示の特約により報酬の合意がなされていると見るべき場合が多い。最判昭 37・2・1 民集 16-2-157〈98〉は，弁護士報酬についてこのことを認めている。また，委任者は費用前払義務・費用償還義務を負う（民 649 条・650 条）。

委任については，先ほどふれた注意義務の程度の問題，それと，解除権の問題（民 651 条）が重要であるが，これらについては，問題点として後で検討することにしたい（⇒Ⅱ2(2)，Ⅲ2）。

2　対　比

次に，以上の三類型の異同を明らかにするために，いくつかの対比を行ってみたい。

(1)　三類型相互の対比

まず，三類型を相互に対比してみよう。

◆　雇用と請負・委任
　　——従属か独立か

雇用も請負・委任も役務の提供を行う契約であるが，そのうち，雇用は，使用者の指示に従ってなされる役務提供である（労務に「服する」という表現に注意）。すなわち，雇用契約においては，使用者と労働者との間に支配—服従という関係が認められる。これに対して，請負契約・委任契約においては，請負人または受任者は，自己の責任において役務の提供を行う。つまり，これらの者は注文者または委任者に対する独立性を維持している。

ところで，雇用と請負・委任を区別する意義はどこにあるだろうか。今日，雇用ということになれば原則として労働基準法が適用される。すなわち，労働者には一定の保護が与えられることになる。この点が最も重要である。これとは別に，労働者の不法行為に対しては使用者は責任を負うが，委任者は

負わない点も異なる（民715条。⇒本シリーズ不法行為編。なお，民716条も参照。請負人の不法行為につき注文者が責任を負うこともありうる点で，請負は委任よりも独立性がやや低い）。

◆　請負と委任
　　──結果か行為か

それでは，請負と委任とではどう違うか。請負人・受任者はいずれも注文者・委任者に対して独立の関係に立つが，両者がそれぞれ相手方に対して負う義務の内容は同じではない。

請負の場合には「仕事の完成」が必要であるが，委任の場合には「事務の処理」が求められる。請負の場合，あくまでも仕事の完成が必要であり，結果が伴わなければ意味がない。これに対して，委任の場合には，委任者のためにある行為をするということがポイントであり，必ずしもよい結果が保証されているわけではない。

たとえば，作業の途中，請負人の責めに帰すべからざる理由によって目的物が滅失してしまっても，請負人は義務を免れない。再び仕事を完成させることが可能である以上，完成義務は消滅しない。履行が不能になると危険負担の問題になるが，請負人は報酬請求をすることができなくなる（民536条）。ただし，約款による修正がはかられている（民間連合約款21条）。これに対して，委任の場合，受任者の責めに帰すべからざる理由によってその履行が途中で終わった場合には，すでになした履行に応じて報酬を請求することができる（民648条3項）。不動産業者に不動産の売却を頼んでいたが，売ることができなくなったというような場合，それまでにしてもらった事務に対しては報酬を払わなければならない。

> **割合に応じた報酬〔債権法改正〕**　　債権法改正においては，委任につき，履行の割合に応じた報酬に関する規定（新648条3項。「履行割合型」と呼ばれる）が整備されるとともに，成果に対する報酬が約された場合についても規定（新648条の2。「成果完成型」と呼ばれる）が置かれた。なお，割合に応じた報酬の支払については，雇用（新624条の2），請負（新634条）に関しても新規定が置かれている。

　また，受任者は，善良な管理者の注意を尽くして行為をすれば，それで義務を果たしたことになる。期待される結果が実現されなくとも（たとえば，弁護士の訴訟勝訴，医師の手術成功，家庭教師の受験校合格など），この義務さえ果たしていれば，債務不履行にはならない。

（2）　他の契約類型との対比

　次に，他の契約類型との対比を行ってみよう。

◆　請負と売買

　以上の区別とあわせて，請負と売買の区別についてもふれておこう。この点については，以前から，いわゆる製作物供給契約は請負か売買かが論じられている。**製作物供給契約**とは，自分の手元にある材料を用いて物を製作しそれを供給するという契約である。物を製作するという点では請負に近いが，材料が製作者持ちであり完成品が渡されるという点では売買に近い。

　どちらであるかによって生じうる違いは二つ。一つは請負と売買とでは瑕疵担保責任の内容に違いがありうること，もう一つは，請負の場合には中途での解除が可能であることである（以上2点については後述。⇒Ⅱ**1**(2)，Ⅱ**2**(2)）。

　製作物供給契約については，これを売買でも請負でもない独自の契約であるとする見解も有力であるが，ただ独自の契約であるというだけでは問題は解決しない。最近では，製作段階では請負，供給段階では売買の規定を適用すればよいと説く見解も有力である。

**◆　原型としての
　　役務提供契約**

　ところで，売買も含めて考えると，次のように見ることもできる[1]。

　委任では純粋に行為のみが引き受けられているのに対して，請負は仕事の実現という結果も含めて，さらに，売買では物の引渡し（所有権移転）という結果のみが債務の内容とされる。このように，請負・売買と進むにつれて，行為よりも結果にウエイトが置かれるようになる。しかし，請負や売買でも行為（仕事をするという行為や物を引き渡すという行為）

---

1)　沖野眞已「契約類型としての『役務提供契約』概念(上)(下)」NBL 583 号，585 号（1995-96）。

が不要なわけではない。そうなると，むしろ，すべての契約には行為が必要
だが，それにプラス・アルファとして結果実現が加わった契約類型が存在す
ると考えるべきかもしれない。つまり，契約の原型は，少なくとも理論上は
役務型であると見ることもできるわけである。

　それでは，この原型というのは委任だろうか。いままでの説明からは，そ
う感じられるだろう。しかし，実は，そうではなかろう。すでに述べたよう
に，委任契約によって受任者にはかなり高度な義務が課される。この義務は，
すべての契約に認められるものではなく，委任という当事者の信頼関係に依
存した契約においてのみ認められる。そうだとすると，委任もまた理論上の
原型からの派生物として理解すべきだろう（**図表 9-2**）。

図表 9-2　契約類型相互の関係

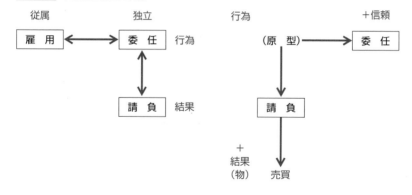

　役務提供契約と債権法改正〔Unbulit〕　役務提供契約に関する規定の新設
は，債権法（契約法）の現代化に対応するための重要課題の一つであった。債
権法改正においては，新たな類型の創設や総則的な規定の新設が検討されたが
（論点整理第 47），最終的にはいずれもが実現せず，次の補足項目で述べるよう
に，準委任の規定の改正による対応が検討されることになった。

　準委任と債権法改正〔Unbulit〕　役務提供契約の多様化に対応するために
は，準委任の規定を類型化することも考えられる。債権法改正においては，「受
任者の選択に当たって，知識，経験，技能その他の当該受任者の属性」が受任

者選択において重視されない準委任については，自己執行義務（新 644 条の 2
参照），中途解約権（民 651 条），終了事由（民 653 条）を適用しないという案
が提案されていたが（中間試案第 41 の 6），新法はこれを採用していない。その
結果，新しいタイプの役務提供契約に対する対応はなされないこととなったが，
これもまた，契約類型（ひいては契約法）の存在意義が十分に理解されなかっ
たということだろう（⇒補論）。

Ⅱ　基本型の問題点

　雇用・請負・委任にかかわる問題点を，責任にかかわるものと終了にかか
わるものとに分けて，とりあげよう。

1　責　　任

（1）　安全配慮義務

安全配慮義務は，主として雇用契約における使用者の義務として，判例に
よって発展させられてきたものである。使用者は自己の支配のもとで労働に
従事する労働者の安全を確保するために物的環境・人的環境を整える義務が
ある。最判昭 50・2・25 民集 29-2-143 [2] は，当事者が国と自衛官である
という特殊な事案であったが，当該事案を越えて広く安全配慮義務を認め，
それを信義則上の付随義務であるとした。

　付随義務として安全配慮義務を認めるメリットは，当初，2 点にあると考
えられた。一つは，時効の点である。不法行為にもとづく損害賠償請求の場
合，3 年の短期時効期間が障害となることがある（民 724 条。⇒本シリーズ不
法行為編）。最判昭 50・2・25 の事案も事故後 4 年で提訴されたものであり，
不法行為の主張は認められなかった。しかし，債務不履行ならば時効は権利
行使可能時から 10 年となる（新 166 条 1 項 2 号〔旧 167 条 1 項〕。ただし，新法
のもとでは，権利行使が可能であることを知った時から 5 年で時効完成。同 1 項 1
号）。もう一つは，証明の軽減という点である。不法行為だと相手方の過失
の証明が必要であるが，債務不履行であれば立証責任は相手方にあるとされ
ている（故意・過失のなかったことの立証を要する）。民法 415 条にこのような

定めがあるわけではないが，従前よりこのように解されてきた（⇒Ⅳ。詳しくは本シリーズ債権編）。しかし，後者については，実際にはあまりメリットはなかったとも言われている。その後の判例によって，原告は，被告（使用者）がどのような義務を具体的に負っていたかを特定する必要があるとされたからである。そうだとすると，義務の内容を細かく示すということは，ほとんど過失の立証に等しい作業であるので，立証の負担は軽減されない。なお，最近の一部の学説のように，債務不履行の要件を「債務の本旨に従わない」ということのみに求めるとすると，「債務の本旨」とは別に故意・過失を立証する必要はないが，何が「債務の本旨」かの立証は必要なので，判例の考え方は当然の帰結ということになる。

　なお，次の2点を補足しておく。第一に，安全配慮義務は雇用以外の契約にも認められうるということ。旅客運送などでは安全配慮義務は付随義務というよりも中心的義務と言うべきだろう。実際の裁判例としては，学校事故が多いこともつけ加えておこう。第二に，雇用については，労働安全衛生法という法律で，事業者に対して様々な個別的義務が課されているほか，労働契約法5条に一般規定が設けられたということである。

（2）　瑕疵担保責任

　請負の場合の**瑕疵担保責任**については，新法において大きな修正がなされた。もともとは，売買の場合と異なる次の諸規定が置かれていた[1]。第一に，瑕疵は隠れたものに限られないこと（旧634条1項），第二に，瑕疵修補請求権が認められている反面で無催告解除も認められていること（同項および旧635条本文），第三に，注文者提供の材料，注文者の指示に由来する瑕疵については請負人は責任を負わないこと（旧636条），第四に，土地工作物については，解除権に制限が加えられるとともに（旧635条ただし書），期間にも特則が設けられていること（旧638条）。

> **瑕疵修補に代わる損害賠償**　注文者は，瑕疵修補に代えて損害賠償を請求することもできるとされていた（旧634条2項）。この損害賠償請求権と請負人

1）　この点については，原田剛・請負における瑕疵担保責任（成文堂，2006）を参照。

の報酬債権とは同時履行の関係に立つとされていた（同項→民533条）。判例は，
この場合に，注文者は報酬債権の全額につき同時履行を主張しうるとした（最
判平9・2・14民集51-2-337［70］〈92〉）。両債権は金銭債権なので，最終的に
は相殺（民505条）によって決済されるが（これにより，両債権は対当額におい
て消滅し，報酬が減額されたのと同じ結果になる），賠償額の確定につき当事者
の合意が調うまでは，注文者は（相殺後に残る報酬債権につき）履行遅滞の責
任を負わないということである。なお，相殺がなされると，損害賠償請求権は
遡って消滅するが（民506条2項），同時履行の関係にあったことの効果も遡っ
て失われるわけではない（最判平9・7・15民集51-6-2581は，注文者が残報酬
債権につき履行遅滞の責任を負うのは，相殺の日の翌日からであるとしている）。

　このうち，第一点，第二点が重要であるが，第一点については，このよう
な考え方だと不完全履行（債務不履行の一類型とされる。⇒UNIT 5 I **1**(1)）と
の区別がつかなくなる。それでよいとする見解も有力であったが，売買の場
合と同様に，受領後の隠れた瑕疵に対する責任であると解すべきだとする見
解があった。いずれにせよこの点については，売買についても「隠れた」が
除かれたことにより差異は解消された。第二点については，売買についても
瑕疵修補請求権を認める見解が有力であったが，新法ではこれが明文化され
たので（新562条1項），やはり差異はなくなった。無催告解除についても解
除一般の問題と言える（新542条1項参照）。また，第四点については以前か
ら批判もあり，特に解除権の制限についてはこれと実質的に抵触する判例も
現われていた（最判平14・9・24判時1801-77〈91〉。建替費用相当額の損害賠償を
認めたので，解除を認めたのに等しい）。

　以上をふまえて，新法では，旧634条・635条を削除し，636条は文言に
修正を加えて存置した。なお，637条は売買に関する新566条と平仄をあわ
せた規定に改められて存置されている（売買とは異なり，引渡しを要しない場合
があるため）。また，期間に関する特則を定めた旧638条（石造り建物等は10
年，その他の建物等は5年）も削除された。注文者の保護については，次に述
べる特別法に委ねられた。一言で言うと，請負の瑕疵担保責任は基本的には
売買の場合と同じになり（民559条により，売買の規定が準用される），いくら
かの特則が残されたということになる。

　なお，瑕疵担保についても約款の規定が重要である。約款では，旧法のもとでの10年・5年の期間を短縮するとともに，注文者に検査義務を課すなどして「瑕疵」に絞りをかけてきた（民間連合約款27条）。前者にはやや問題があったが（ただし，次の補足項目で述べる特別法の規定は強行規定なので排除できない），後者は瑕疵担保の性質からいって妥当であろう。

> **住宅品質確保促進法による瑕疵担保責任の特則[1]**　　1999年に制定された住宅品質確保促進法（住宅品質法）は，欠陥住宅問題などに対応するために住宅性能表示制度などを導入したが，同時に，瑕疵担保責任に関する特則を定めた。すなわち，請負人は，引渡し時から10年間，担保責任を負う旨が定められ（住宅品質94条1項），これらの規定に反する特約で注文主に不利なものは無効であるとされた（同条2項）。なお，売主についても，同様の規定が置かれたのも注目される（同95条）。ただし，これらの規定は，新築住宅に限り，かつ，「構造耐力上主要な部分」などに限って，適用される。

❷　終　　了

（1）　解雇権濫用

　家を失った人が途方にくれるように，職を失った人は路頭に迷う。そこで，賃貸借契約と同様，雇用契約においても，その継続を保障する法理が発展している。まず，労働基準法は民法典のルールに修正を加え，病気・けがで療養中の者や妊婦に対する解雇に制限を課すとともに，解雇予告期間を30日に延ばしている[2]。しかし，このような保護だけでは労働者にとっては十分ではない。解雇そのものを制限する法理が必要なのである。

　そのような法理は判例によって確立された。**解雇権濫用理論**と呼ばれる考え方がそれである（最判昭50・4・25民集29-4-456など）。この理論によると，「客観的に合理的な理由を欠き社会通念上相当として是認することができない場合」には解雇権の行使は権利の濫用となり許されないとされる。なお，同様の理論は採用内定の取消しについてもとられている（最判昭54・7・20民

---

1)　潮見236頁以下を参照。
2)　労働基準法19条・20条。

集 33-5-582 など）。

　労働基準法改正・労働契約法制定による明文化　2003 年の労働基準法改正
により，新たに同法に 18 条の 2「解雇は，客観的に合理的な理由を欠き，社会
通念上相当であると認められない場合は，その権利を濫用したものとして，無
効とする」が追加され，解雇権濫用理論は明文化されるに至った。その後，
2007 年の労働契約法制定の際に，この規定は同法 16 条に移された。

◆　**解雇期間中の賃金
──危険負担との
関連**

　ここで，解雇権の行使が否定された場合の後始末
についてもふれておこう。具体的には，危険負担
のところで先送りにした問題をとりあげたい。問
題は次のようなものである。解雇がなされ，労働
者は就労を続けることができなくなったが，後にこの解雇が無効であるとさ
れると，賃金請求権はどうなるか。労働者が債務を履行できなくなったのは
使用者の責めに帰すべき事由によるということになる。したがって，労働者
は賃金請求権を失わない（民 536 条 2 項前段）。もっとも，労働者が労務の提
供をしなかった期間中に別の職について収入を得た場合には，その分は償還
の対象となる（民 536 条 2 項後段）。しかし，判例は，この償還は平均賃金の
4 割の限度でしか行うことができないとしている（最判昭 37・7・20 民集 16-8-
1656）。これは労働基準法 26 条の休業手当の制度の趣旨を援用したものであ
ると言える（他の職について収入を得たとしても最低 6 割は払え──償還は 4 割ま
で──という規定）。

（2）　中途解除

　請負・委任については**中途解除**に関する規定がある[1]。雇用についても民
法典には同様の規定があるが（民 628 条），これは実際にはほとんど機能して
いないことはすでに見た通りである。ここでは，請負・委任の中途解除につい
て，順に見ていくことにしよう。

1）この問題に関しては，丸山絵美子・中途解除と契約の内容規制（有斐閣，2015）が
　ある。

◆　請負の場合　　　請負については，注文者は，仕事完成前ならばい
　　　　　　　　　　　　つでも，損害を賠償して契約を解除することがで
きるとする規定が置かれている（民641条）。これは，注文者が望まないよう
な仕事をあえて完成させる必要はないということで設けられた規定である。
しかし，請負人には報酬に相当する額の賠償がなされなければならない。こ
の解除権の行使によって注文者が節約できるのは，以後の仕事に要する費用
の部分に限られる（解除により節約された費用があればその分は賠償から控除され
ることになる）。

◆　委任の場合　　　委任については，当事者の双方が，いつでも契約
　　　　　　　　　　　　を解除することができるという規定が置かれてい
る（民651条1項）。ただし，相手方にとって不利な時期に解除する場合には，
原則として，その損害を賠償しなければならない（新651条2項1号〔旧651
条2項〕）。請負の場合に比べると，より広く解除が認められていることがわ
かるだろう。このような規定が置かれた理由として，委任は特別な信頼関係
を基礎とするものだから，その信頼関係が損なわれた以上は解除を認めるべ
きであると言われることがある。しかし，むしろ理由は，民法典の委任が無
償契約を原則として構成されているところに求められるように思われる。そ
うだとすると，有償委任の場合にこの程度の拘束力でよいのかは疑問であ
る[1]。何らかの方法で解除権に制限を加えるべきだろう。

　このような考え方を間接的に示すかに見える判決が，大判大9・4・24民
録26-562である。この判決は，民法651条の適用を「受任者が委任者の利
益の為めにのみ事務を処理する場合」に限り，「受任者の利益をも目的とす
るとき」には651条の適用はないとしたのである。しかし，それでは全く中
途解除を認めなくてよいか。この点について，最高裁は，やむをえない場合
には651条の適用はなおありうるという態度を示した（最判昭43・9・20判時
536-51）。さらに，最判昭56・1・19民集35-1-1［71］〈99〉においては，委
任者が解除権を放棄した場合以外は，委任者は委任契約を解除しうる，ただ

---

1)　広中290頁。

し，損害の賠償は必要である，という立場をとるに至った。新法においては，この解決が明文化されるに至った（新 651 条 2 項 2 号）。なお，同時に，「受益者の利益」には報酬を得ることは含まれないことも明示された。

> **「不利な時期」と「やむを得ない事由」**　651 条 2 項にいう「不利な時期」「やむを得ない事由」については，次のような説明がなされている。たとえば，訴訟の途中で弁護士が辞任するのは「不利な時期」にあたるが，1 審判決を甘受すべきだと考える弁護士に対して，依頼者がどうしても控訴したいと主張する場合には「やむを得ない事由」があると説明されている1)。

(3)　その他

終了に関するその他の問題を二つ追加しておきたい。

第一に，雇用や委任の場合，その解除の効果は将来に向かって消滅するということ。つまり，これまでの契約関係は有効な関係であるということ。これは賃貸借の場合も同じである（民 620 条・630 条・652 条）。継続的な契約の性質からこうするのが妥当だろう（これまでの関係をなしにして清算する必要はない）。

第二に，雇用・請負では使用者・注文者の破産が解除原因とされており（民 631 条・642 条），委任では委任者・受任者の死亡・破産，そして，受任者の後見開始の審判が終了原因とされていること（民 653 条）。それぞれもっともな理由がある。前者は報酬不払のリスクを避ける，後者は，当事者の信頼関係の基礎が失われた，ということだろう。

◆　**死亡後・能力喪失後の委任**　ここで，最後の点にかかわるごく最近の問題をとりあげておきたい。それは，委任者の死亡によって終了しない委任を考えることはできないかという問題である。もしこのような委任が可能であれば，自分の死亡後の財産の処理を生前に委任することができることになる（もちろん遺言をして遺言執行者を定めることは可能だが，それよりも簡便）。

---

1)　梅 752 頁。

さらに，委任者の死亡のみならず能力喪失によっても委任は終了するとする見解もあるが，この考え方に立つならば能力喪失後も継続するような委任をすることはできないかも問題となりうる。もしそれが可能ならば，法定の後見制度を用いずとも，委任によって将来の能力喪失に備えることができるということになる。しかし，死亡後・能力喪失後のいずれについても，委任者の真意を確保できるか，受任者の監督を誰が行うのかといった問題もあり，ことはそれほど簡単ではないとも言える。

新しい成年後見制度においては，能力喪失時には裁判所が選任した監督人が付されるという新たな委任契約（**任意後見契約**）が創設された。興味深い契約類型ではあるが，裁判所の監督付で履行される契約の出現が，契約法理論にいかなる影響を与えるかは，今後の問題である[1]。

以上，請負と委任とを対比する形で説明をしてきたが，二つの契約類型の特徴を表にしておこう（**図表9-3**）。

図表9-3　請負と委任の対比

	請　負	委　任
義務・責任の内容	請負人＝仕事の完成 （632条） 担保責任 （新636条・637条） 注文者＝報酬の支払 （632条）	受任者＝事務の処理 （643条・656条） 善良管理注意義務 （644条） 報告義務など （645条〜647条） 委任者＝特約により報酬支払 （648条） 費用前払義務・償還義務 （649条・650条）
終了原因	注文者＝中途解除権 （641条） 注文者の破産 （642条）	双　方＝中途解除権 （651条） 一方の死亡・破産，受任者の後見開始 （653条）

▌ **受任者の説明義務・情報提供義務**　最近では，受任者の説明義務・情報提 ▌

---

1) 鈴木 679-689頁，特に 689頁を参照。

供義務を認める判例が注目されている。一方で，債務整理を受任した弁護士に，その採用する方針に付随する不利益・リスクを説明するとともに他の選択肢を提示することを求めた事例（最判平25・4・16民集67-4-1049〈97〉。善管注意義務違反であるとした），他方で，借入希望者からの委託を受けてシンジゲートローンを組成・実行する金融機関は，同ローンへの参加を招へいした金融機関に対して，アレンジャー業務の遂行過程で得た借入希望者の信用力判断に関係する重要情報を，ローンの組成・実行前に提供する義務を負うとされた事例がある（最判平24・11・27判時2175-15〈10〉。情報提供義務違反の不法行為が成立するとした）。

Ⅲ　派生型の問題点

ここでとりあげる問題は，役務型契約のうち特殊な性質を持つものにかかわる問題である。

1　多数当事者間の契約

（1）下請契約

請負契約の履行のために請負人が補助者を用いることは少なくない。これが**下請**である。ところで，注文者X，請負人Yに加えて下請人Zが契約関係の中に入ってくることによって，いくつかの問題が生じる。一つは，Zの行為についてYはどのような責任を負うかという問題である。この問題は**履行補助者の過失**と呼ばれており，債権総論で議論される（単純な債務不履行の延長線上に議論される。⇒本シリーズ債権編）。ここでは問題の所在を指摘するにとどめ，議論には立ち入らない。もう一つの問題がここで述べておきたい問題である。それは，完成した物の所有権の帰属にかかわる問題である。

◆　**所有権の帰属**[1]　実は，所有権帰属の問題は二当事者間でも問題になるのであるが，三当事者となると話はいっそう難しくなる。まず，二当事者から考えてみよう。この問題についてかつて有力であったのは，材料の提供者が誰かによって所有権の帰属を決めるという

---

1)　坂本武憲「請負契約における所有権の帰属」民法講座5。

考え方であった（**加工構成＝所有権構成**）。具体的には，注文者が材料を提供していれば目的物の所有権は自動的に注文者に帰属する。しかし，請負人が材料提供者の場合には所有権はまず請負人に帰属した後に注文者に移転される，とされていた（民 246 条 1 項本文参照）。しかし，これは当事者の意思に反するのではないかと批判され，次第に，当事者の意思を重視するという考え方が有力になってきた（**契約構成**）。最判昭 46・3・5 判時 628-48〈88〉は伝統的な考え方に立ちつつ，特約を認定するという方法をとっているが，実質的には契約構成の方に一歩踏み出したものであると言えるだろう。

　さて，次に，三当事者の場合である。問題は，X は Y に請負代金を払ったが Y から Z に下請代金が支払われないうちに Y が倒産したといった場合に顕在化する。X と Z とが目的物に対して互いに所有権を主張するという事態が生じるわけである（**図表 9-4**）。この点に関しては，最判平 5・10・19 民集 47-8-5061［69］〈89〉が重要である。この判決は，X・Y 間の特約によって所有権が注文者 X に帰属するとされている場合には，この特約の効力は Z にも及び X は Z との関係でも所有権を取得するとしたものである。この判決によって，三当事者の場合であっても契約構成が貫徹されるべきことが示されたと言える。

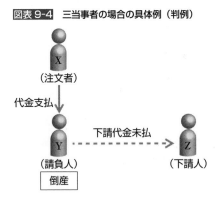

図表 9-4　三当事者の場合の具体例（判例）

これで問題は片づいたようにも思われるのであるが，次のような理論上の問題がなお残されている。それは，なぜ X と Y の契約に下請人 Z が拘束さ

れるのかという問題である。最判平成 5・10・19 は，「下請契約は，その性質上元請契約の存在及び内容を前提とし，元請負人の債務を履行することを目的とするものであるから，下請負人は，注文者との関係では，……元請負人と異なる権利関係を主張し得る立場にはないからである」としている。これは，元請契約，下請契約の関連性を前提として，下請契約の内容を元請契約によって規律しようとするものだが，そこには，複合契約論の考え方が姿を現していると見ることができる。その意味で，今後検討されるべき興味深い判決であると言える（割賦購入あっせん〔現在の包括信用購入あっせん〕に関する最判平 2・2・20 判時 1354-76〈54〉と比較せよ）。

(2)　旅　行　契　約

　民法典に「旅行契約」という類型は定められていないが，社会生活上はこのような契約が存在している（なお，ドイツ法では民法典に規定が新設されている）。通常，旅行契約には**「手配旅行」**と**「主催旅行」**とがあり，両者はその法的性質を異にすると言われている。

　「手配旅行」というのは，旅行者の委託にもとづいて，旅行者が運送・宿泊等の旅行サービスの提供を受けられるように，旅行業者が代理などを引き受けるものである。これは法的には委任の一種であると考えられる。これに対して，「主催旅行」とは，旅行業者が予め旅行（ツアー）を計画し，これに参加する旅行者を募集して実施するものであるが，その法的性質については争いがある。一つの考え方は，これもまた計画に従って旅行ができるように手配することを引き受けたにすぎないとするものである。つまり，主催旅行もまた委任であるとする考え方である。業界の標準約款はこの立場をとっている。しかし，もう一つの考え方として，旅行業者は計画通りに旅行ができることを請け負っていると考えることも可能であろう。これは，主催旅行は請負であるとする考え方ということになる。

　どちらの考え方をとるかによる違いは，次のような点に現れる。たとえば，現地の旅行業者を通じて手配したバス乗車中の事故について旅行業者は責任を負うかといった問題について，委任説だと責任なし，請負説だと責任あり，という結論が導かれやすい。なお，ここでも，旅行者 X，旅行業者 Y 以外の第三者 Z が介在しているために問題が生じていることに注意してほしい

（ここで述べた具体的な問題は，前に説明を省略した履行補助者の問題であると言える）。

旅行契約と債権法改正〔債権法改正〕　債権法改正において，旅行契約を典型契約に加えるという提案はなされることがなかった。しかし，本文で述べたように，旅行契約はかなり特徴のある契約であり，比較法的にはこれを典型契約とする国もある。

② 非対等者間の契約

（1）消費者契約

　近時の消費者問題の一つとして，役務型の契約にかかわる問題があげられることがある。そこには，学習塾・英会話教室，あるいは，エステティック・サロンなどをめぐるトラブルが増えているという事情がある。これらの契約もやはり委任の一種だろう。英語がしゃべれるようになること，肌がきれいになること自体は義務内容ではない。それはそれでよいが，必ず英語がしゃべれる，あるいは，必ず肌がきれいになるということはないとしても，いったい事業者はどれくらいのことをしてくれるのか。消費者には事前にはわかりにくい。その理由は，これらの契約によって給付されるのが，目に見える有形の物ではなく，目に見えない無形のサービスであるという点にある。消費者は，物の場合以上に役務の場合には，その内容を確認した上で契約することが難しいのである。

　そこで，これらの契約については，一方で，契約内容の開示が必要であると言われている。他方，このような契約では，サービスを受けてみないとその良し悪しはわからないため，相手方を長く契約に拘束するのは妥当ではないということも指摘されている。特に，後者については，中途解約を認めるべきだとする見解が有力であり，多くの見解は，その論拠として委任の中途解除に関する民法651条を援用する。その結論は妥当だとは思われるが，論拠については疑問がある。有償委任一般について651条から離れるのが趨勢である今日，この規定を借りるのではなく，実質的な論拠によって中途解約を認めていくべきだろう。もちろん，それを形式としては651条にのせると

いうのはよいが，本来の 651 条の趣旨とは異なるということははっきりと自覚した方がよい。最終的には立法で解決すべき問題であるように思われるが，債権法改正では，前述の通り，検討はされたものの実現には至らなかった。

特定継続的役務提供契約[1]　　本文で述べたようなトラブルに対処するために，1999 年の訪問販売法（当時の法律名〔略称〕。現在は特定商取引法）改正によって，「特定継続的役務提供契約」が同法の規制対象につけ加えられている。規制対象は政令で指定されたものに限られているが，現時点では，エステティック・サロン，語学教室，家庭教師，学習塾の 4 種が指定されている。

在学契約と学納金　　判例は，大学入学手続時支払った学納金の返還につき，入学金と授業料とに分けた上で，3 月 31 日以前に入学を辞退した場合には，後者については消費者契約法 9 条 1 号にいう平均的損害はゼロであるとして，不返還特約の効力を否定している（最判平 18・11・27 民集 60-9-3437）。その前提として，在学契約は教育役務の提供契約であるが，「各大学の教育理念や教育方針の下に，その人的物的教育設備を用いて，学生との信頼関係を基礎として継続的，集団的に行なわれるもの」であって，「学生が，部分社会を形成する組織体である大学の構成員としての学生の身分，地位を取得，保持し，大学の包括的な指導，規律に服するという要素も有している」とし，さらに「大学の目的や大学の公共性……等から，教育法規や教育の理念によって規律されることが予定されており，取引法の原理にはなじまない側面も少なからず有している」として，これを有償双務契約としての性質を有する私法上の無名契約と解している。

（2）　専門家契約[2]

役務型の契約については，一方当事者が消費者だからということを考慮するのとあわせて，他方当事者が専門家だからということを考慮すべき場合もある。一方の能力が劣るからというのではなく，他方の能力が高いからということが，問題になるというわけである。

1）　潮見 280 頁以下を参照。
2）　川井健編・専門家の責任（日本評論社，1993）を参照。

　具体的には，**医師**や**弁護士**など知的・専門的な職業に就く者の責任が問題とされている。資格制がとられ同業団体による職業的規律が行われており，社会において高い程度の尊敬・信頼が与えられている専門家は，その契約相手方に対して高い程度の責任を負うべきではないか。

　ところで，同じく高い程度の義務といっても，①依頼者の意思を重視して説明義務を重く見る立場と，②ある場合には依頼者の意思にかかわらず一定の行為をすることが要求されるとする立場とがありうる。医師の場合の**インフォームド・コンセント**論，あるいは，輸血拒否・安楽死などともからまり難しい問題であるが，重要な問題である。

　なお，医師の責任については**医療過誤**の問題があるが，これは不法行為で争われることが多い。なぜ債務不履行ではなく不法行為とされるのかという点については，不法行為のところで考えることにしよう。（⇒本シリーズ不法行為編）

> **医療契約と債権法改正〔債権法改正〕**　　債権法改正において，医療契約を典型契約に加えるという提案はなされなかった。医療契約は準委任契約であると解すれば，新たに民法典に類型を設ける必要はないことになる。しかしながら，事実類型としての医療契約については，現在のチーム医療のあり方を考慮に入れた立ち入った考察が求められるだろう。また，専門家責任一般について言えることであるが，職業上の規範によって義務が課されることをどう説明するかという問題もある[1]。

> **預金契約と債権法改正〔Unbuilt〕**　　預金契約に関しては，近時，いくつかの判例が現れている。①誤振込みの処理に関するもの（最判平20・10・10民集62-9-2361〈107〉），②専用口座の取扱いに関するもの（最判平15・2・21民集57-2-95［73］，最判平15・6・12民集57-6-563），③取引経過開示義務（最判平21・1・22民集63-1-228〈108〉）などがそれである。こうした状況に鑑みるならば，預金契約に関する規律を民法典に導入することも考えられないではない。

　1）　村山淳子・医療契約論（日本評論社，2015）がある。なお，医事法については，手嶋豊・医事法入門（有斐閣，第4版，2015）のほか，最新のものとして，米村滋人「医事法講義（1〜25・完）」法学セミナー687〜724号（2012-15）を参照。

債権法改正においては，主として①を念頭に置きつつ，特殊な寄託の一類型として「流動性預金口座」に対する規律を行うことが検討された（論点整理第52の10）。しかしながら，この提案は中間試案にも採用されずに終わり，預金に関しては，わずかに預貯金または預貯金口座に対する払込みによる弁済に関する規定（新477条）が置かれ（債権譲渡に関する新466条の5も参照），また，消費寄託に関する特別な規定（新666条3項）が設けられるにとどまった。もっとも，預貯金口座の概念の導入はその後の相続法改正に影響を及ぼしたと言える（遺産分割に関する新909条の2を参照）。

信託と委任　ある一定の目的のために所有権移転を行って，その物の管理を委ねる契約を「信託」と言う。信託については**信託法**という特別法があり，当事者の権利義務関係を規律している[1]。財産管理は委任によっても行いうるが，そのために所有権（より広く財産権）の移転を行う点に信託の特徴がある。

Ⅳ　補論——損害賠償について

　債務不履行に関する三つの救済（履行強制・解除・損害賠償）のうち，損害賠償の要件効果を定めるのは民法415条である。この規定に関しては本シリーズ債権編で扱うが，解除とともに損害賠償が認められることを考えると（一般論として，新545条4項〔旧545条3項〕），本書においても一言しておいた方がよいだろう。

　415条は「不履行」があれば（「……履行をしないとき又は……不能であるときは」）「賠償」請求が可能であると定めている。この限りでは単純であるが，問題は「不履行」とは何であり「損害」とは何であるかである[2]。

◆　**不 履 行**　　「不履行」については，かつては遅滞・不能・不完全履行の三分論がとられ（解除につき⇒UNIT 5

---

1)　信託法については，たとえば，新井誠・信託法（有斐閣，第2版，2005），能見善久・現代信託法（有斐閣，2004）を参照。

2)　参考文献として森田宏樹「結果債務・手段債務の区別の意義について」鈴木古稀（有斐閣，1993），高橋眞「ドイツ瑕疵責任法における積極的契約利益・消極的契約利益・完全性利益の区別」林還暦（下）（有斐閣，1982）をあげておく。

I **1**(1)），これらの不履行に加えて「帰責事由」が必要だとされていた（ただし，債務者が帰責事由なきことを立証）。しかし，今日では，「債務の本旨に従った履行」があったか否かのみで決するべきだとする考え方が有力になっており，本書でも後者の考え方で説明をしてきた。後者の考え方だと，当事者間にいかなる債務が発生したかが問題であり，不履行＋帰責事由という2段階の判断は不要になる。

　たとえば，売買の場合には，物の引渡し（所有権移転）が債務内容なので，約束通りに物が引き渡されなければ，それで債務不履行責任が発生する。引渡しのないことにつき帰責事由があるか否かは，履行不能の場合を除いて，独立には問題にならない。これに対して，委任などの場合には，ある特定の役務の提供が債務内容となる。約束した役務の提供がなされていなければ不履行責任が発生するわけだが，この場合には，どのような場面でどのような行為をすべきであったかが問題になる。つまり，債務の履行がなされたか否かの判断にあたっては，債務者の行為態様が問題となるのである。その意味では，かつての用語法でいうところの帰責事由が必要となる。

　なお，債権法改正においては，新旧どちらの考え方によるかが争われたが，最終的には双方の立場から説明可能な規定が置かれることになった（新415条1項）。詳しくは，本シリーズ債権編を参照。

◆　損　　害　　「損害」については，一般には，「**信頼利益**」と「**履行利益**」とが対比され，債務不履行の場合には，履行利益が賠償されるべきだとされている。「履行利益」とは履行がなされたならば得られたであろう利益である。

　たとえば，売買の場合には，代金支払が履行されなければ，売主はこの売買契約で得られたであろう利益を含む代金全額の請求ができる（解除して商品を取り戻す場合にはその分をマイナスする）。商店が10万円で仕入れた物を顧客に12万円で売ったとすれば，12万円の請求ができる。この場合，どの段階で不履行が生じても同じで，必ず全利益がとれる。これに対して，委任などの中途解除の場合には，その時点までの利益がとれるにとどまる。ただし，これは損害賠償としてではなく，報酬としてである。

報酬・費用と損害 費用と報酬の区別は実際には難しい。たとえば，無償の代理懐胎契約が認められるとして，代理母に支払われる「日当」は，報酬ではなく，（就労機会を逸したことに対する）機会費用の補填ないし損害賠償であると考えることもできるからである。

以上の説明をまとめると，**図表 9-5** のようになる。

図表 9-5　役務型契約と損害賠償

損害賠償の要件

〔旧　法〕　　　　　　　　　　　〔新　法〕
不履行　＝遅滞・不能・不完全　　不履行＝債務の本旨に従わない
　　＋
帰責事由　　　　　　　　　　　　　　結果　or　行為

損害賠償の効果

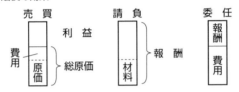

MAIN QUESTION

役務提供の規律は十分か？

KEY SENTENCES

■寄託は他の３種に比べて役務の内容が特定されている。すなわち，物を預かるということに特化された契約である。

■労働契約に関する規制は労働組合に関する規制などとあわせて，今日では労働法という独自の法領域を形成するに至っている。

■請負の場合，あくまでも仕事の完成が必要であり，結果が伴わなければ意味がない。これに対して，委任の場合には，委任者のためにある行為をするということがポイントであり，必ずしもよい結果が保証されているわけではない。

■すべての契約には行為が必要だが，それにプラス・アルファとして結果実現が加わった契約類型が存在すると考えるべきかもしれない。

■義務の内容を細かく示すということは，ほとんど過失の立証に等しい作業であるので，立証の負担は軽減されない。……債務不履行の要件を「債務の本旨に従わない」ということのみに求めるとすると，「債務の本旨」とは別に故意・過失を立証する必要はないが，何が「債務の本旨」かの立証は必要なので，判例の考え方は当然の帰結ということになる。

■請負については，注文者は，仕事完成前ならばいつでも，損害を賠償して契約を解除することができる。……請負人には報酬に相当する額の賠償がなされなければならない。この解除権の行使によって注文者が節約できるのは，以後の仕事に要する費用の部分に限られる。

■委任については，当事者の双方が，いつでも契約を解除することができる。……相手方にとって不利な時期に解除する場合には，原則として，その損害を賠償しなければならない。

■売買の場合には，物の引渡し（所有権移転）が債務内容なので，約束通りに物が引き渡されなければ，それで債務不履行責任が発生する。……これに対して，委任などの場合には，……どのような場面でどのような行為をすべきであったかが問題になる。つまり，債務の履行がなされたか否かの判断にあたっては，債務者の行為態様が問題となるのである。

■売買の場合には，代金支払が履行されなければ，売主はこの売買契約で得られたであろう利益を含む代金全額の請求ができる。……どの段階で不履行が生じても同じで，必ず全利益がとれる。これに対して，委任などの中途解除の場

合には，その時点までの利益がとれるにとどまる。ただし，これは損害賠償としてではなく，報酬としてである。

TECHNICAL TERMS

労務提供義務・賃金支払義務　労働基準法　労働契約法　建設業法・下請代金支払遅延等防止法　仕事完成義務・報酬支払義務　割合に応じた報酬　宅建業法　事務処理　善良な管理者の注意・自己の財産に対するのと同一の注意　支配―服従　製作物供給契約　安全配慮義務　瑕疵担保責任　解雇権濫用理論　中途解除　任意後見契約　下請　履行補助者の過失　加工構成＝所有権構成と契約構成　手配旅行・主催旅行　医師・弁護士　インフォームド・コンセント　医療過誤　信託法　信頼利益・履行利益

REFERENCES

髙橋眞・安全配慮義務の研究（成文堂，1992）

　安全配慮義務に関する論文を中心とした論文集。なお，同じテーマにつき，奥田昌道・下森定・國井和郎各教授など複数の論者の論文を集めた論文集として，下森定編・安全配慮義務法理の形成と展開（日本評論社，1988）があり，重要である。

第3章　組織型の契約：組合など

■ UNIT 10　組合——契約による組織の特徴は？

■参照条文■　667条〜688条

（組合契約）

第667条　①　組合契約は，各当事者が出資をして共同の事業を営むことを約することによって，その効力を生ずる。

②　出資は，労務をその目的とすることができる。

（業務の決定及び執行の方法）

第670条　①　組合の業務は，組合員の過半数をもって決定し，各組合員がこれを執行する。

②　組合の業務の決定及び執行は，組合契約の定めるところにより，一人又は数人の組合員又は第三者に委任することができる。

③　前項の委任を受けた者（以下「業務執行者」という。）は，組合の業務を決定し，これを執行する。この場合において，業務執行者が数人あるときは，組合の業務は，業務執行者の過半数をもって決定し，各業務執行者がこれを執行する。

④　前項の規定にかかわらず，組合の業務については，総組合員の同意によって決

　　定し，又は総組合員が執行することを妨げない。

⑤　組合の常務は，前各項の規定にかかわらず，各組合員又は各業務執行者が単独
　　で行うことができる。ただし，その完了前に他の組合員又は業務執行者が異議を
　　述べたときは，この限りでない。

（組合員の持分の処分及び組合財産の分割）

第676条　①　組合員は，組合財産についてその持分を処分したときは，その処
　　分をもって組合及び組合と取引をした第三者に対抗することができない。

②　組合員は，組合財産である債権について，その持分についての権利を単独で行
　　使することができない。

③　組合員は，清算前に組合財産の分割を求めることができない。

　　これまでに見てきた契約は，権利移転型（売買など），非権利移転型（賃貸
借，消費貸借，委任・請負など）の双方を含めて，二当事者（場合によっては三
当事者）が，その個人的利益のために「取引」を行うというものであった。
これに対して，契約には「組織」を形成して共通の利益を実現するというタイ
プのものも存在する。

　　ここで言う「組織」とは何かということについては，もう少し考える必要
があるが，ひとまず具体的な契約類型を見た上で，この問題を考えることに
しよう。まず，民法典の定める契約類型である組合を（Ⅰ），そして，民法
典には規定がないが組織的契約に近い性質を持ついくつかの契約を（Ⅱ），
順に見ていくことにしよう。

Ⅰ　基本型：組合

1　意　　義

　　組合は各当事者（2名以上）が出資をして**共同事業**を営むことを約束するこ
とによって成立する契約である（民667条1項）。**出資**は労務でもよいが（民
667条2項），当事者は必ず何らかの出資をしなければならない。その意味で，
組合契約は双務契約・有償契約である。ただし，共同事業の目的には制限は
なく，営利事業のほか非営利事業を行うことも可能である。なお，利益があ

がった場合にはこれを組合員で**分配**する。損失についても同様である。そして，特に定めのない場合には，その割合は出資の割合である（民674条）。

　組合にはどのようなものがあるだろうか。たとえば，新興住宅地の水道組合とかマンションの管理組合など，あるいは，特別法の規律対象であるが生活協同組合などが身近な例だろうか。また，卒業論文を書くのにA君とBさんとがお金を出しあって資料として必要な高価な貴重書を買うというのも，組合と見るべき場合が多い（通常，これは共有の例とされるが，実際には，その資料の使い方などについて事前に合意があることが多いだろう。そうだとすると単なる共有というよりも組合に近い）。なお，A君とBさんとが一緒に子どもを育てるために，一方が授業をサボって育児をし他方がバイトでミルク代を稼ぐという契約も組合であると言いうる。さらに，学生諸君の団体・サークルなどにも組合と呼べるものがあるだろう（何らかの目的と出資がある場合。目的も財産もなければ人が集まっているだけのこと）。ほかには，たとえば，建設会社の「共同企業体」（○○組・××組共同企業体といった表示を見たことがあるだろう）なども組合にあたる。

　ここまで見たように，組合には，ある目的のために，人が集まっているという面と財産を持っているという面がある。人の集まりという面では，組合と社団法人（あるいは**権利能力なき社団**）との関係が問題になる[1]。

　また，財産の面では，物権法の共有との関係が問題となる。これらの問題については，組合契約の効力との関係で考えていくことにしたい。

　さて，その効力いかんであるが，それは，このような組合契約によって当事者はどのような法律関係に立つかということ，別の言い方をすると，そこにどのような組織が生み出されるのかということにほかならない。この問題については，項を改めて述べることにしよう。

> **組合と社団法人**　　従来は，組合と社団法人とは別個のものであると考えられてきた。すなわち，組合は契約によって成立するのに対して，社団法人は合同行為によって成立する。また，組合は組合員相互のいわば水平の関係である

---

1)　星野305-306頁を参照。なお，北川99頁も参照。

のに対して，社団法人は社団と社員のいわば垂直の関係であるとされてきた（**図表10-1**）。これに対して，しばらく前からは，組合のうち法人格を取得したものが社団法人であるとする見方が提示されるに至っている（⇒本シリーズ物権編）。

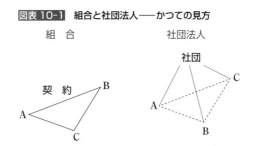

図表10-1　組合と社団法人──かつての見方

組合契約の特殊性〔債権法改正〕　債権法改正においては，組合に関する規定の整備がなされた。特に，組合契約が団体設立のためになされる多数当事者の契約である点に鑑み，二当事者間の契約を想定した規定の適用が除外されている点が注目される（出資などの不履行に関する新667条の2，意思表示の無効・取消しに関する新667条の3）。

最近の立法における組合の利用　最近の特別法では，組合契約は，投資のためのしくみ（スキーム）やマンション建替えのためのしくみ（スキーム）などとして利用されているのが注目される（前者は1998年の中小企業等投資事業有限責任組合法，後者は2002年のマンション建替え円滑化法）。

② 法 律 関 係

　組合契約は共通の目的のために出資を行う契約であるが，目的達成のためには誰かが業務を執行する必要がある。また，そのために出資を行っているのであるが，このことによって組合の財産が生じることになる。そこで，組合契約によって生じる当事者間の法律関係を考えるにあたっては，業務執行と組合財産の二つに分けて見ていくのがよいだろう。

（1）業 務 執 行

　組合の業務執行については組合員の過半数でこれを決する（民670条1項）。

予め業務執行組合員を決めておくこともできるが（新670条2項）——共有の場合と異なる。このような事前の合意の存在が想定されていないのが物権法上の共有——，その場合にも，その内部での意思決定は過半数による（新670条3項）。ただし，常務（日常的な簡単な業務）については，各組合員または各業務執行者が単独でできる（新670条5項）。

以上の内部的意思決定に従って対外的に行為する場合，民法上の組合には法人格がないので（特別法上の組合の場合には法人格を取得できるものもある——管理組合・消費生活協同組合・NPOなど），組合自体が主体となって行為することはできない。各組合員は，過半数の同意を得れば，他の組合員を代理できるほか（新670条の2第1項），業務執行権限を持つ者があれば，この者のみが他の組合員全員を代理して行為することになる（新670条の2第2項。複数ならば過半数の同意を要す）。なお，常務については，各組合員または各業務執行者が単独で代理できる（新670条の2第3項）。その場合，組合名あるいは組合名＋肩書という表示が認められている（「A組合理事長B」とすれば足り，組合員全員の名をあげる必要はない）。同様の方法で訴訟も可能であるとされており，できないのは登記だけである（この点で権利能力なき社団と同じ。⇒本シリーズ物権編）。

（2）組合財産

組合の財産は組合員の共有とされる（民668条）。ただし，この「**共有**」は物権法上の共有とはやや異なる性質を持つ共有である。具体的には，組合員の**持分処分**が制限されており，**分割請求権**も制限されている（民676条）。これは組合の組織としての継続性を保障する規定であると言える。組合員は，一定の要件のもとに，組合を**脱退**することができるだけである（民678条）。なお，脱退を全く認めない約定は無効とされている（最判平11・2・23民集53-2-193〈102〉）。その場合にも組合は，払戻しを金銭で行うことができる（民681条2項）。組合事業に使っている動産・不動産を持っていかれては困るということだろう。これも継続性維持のための規定である。なお，脱退には**除名**による脱退もある（民679条4号）。除名には全員一致（本人を除く）を要する（民680条）。

債権・債務はどうだろうか。まず組合が持つ債権（組合債権）についてで

あるが，これは組合財産に属し組合が行使する。組合員は持分についての権利も単独では行使できない（新676条2項）。組合の債権者は組合財産のほか各組合員に対して一定の割合で権利を行使できるが（新675条），組合員の債権者は組合財産について権利を行使できない（新677条）。つまり法人と同様，組合財産は独立しているものの，組合員は割合に応じてではあるが**無限責任**を，しかも，補充的にではなく**併存的**に負う。この点で，株式会社の株主とは異なる。しかし，責任が補充的か併存的かは異なるが，無限責任であるという点では持分会社の無限責任社員とそう変わらない[1]。

Ⅱ　派 生 型

　次に，組織的性質を多少とも持つかに見える最近の契約について見ていこう。まず具体例をあげ，次いで，組織性ということについて考えたい。

1　具 体 例

（1）　フランチャイズ[2]

　フランチャイズ（中小小売商業振興法では「特定連鎖化事業」）とは，フランチャイザーと呼ばれる事業者Xがフランチャイジーと呼ばれる事業者Yとの間で，Xが自己の商標や経営のノウハウを用いて商品の販売等の事業を行う権利をYに与え，これに対してYは一定の対価を支払うという契約である（**図表10-2**）。典型的なフランチャイズ・チェーンとしては，各種のハンバーガー・ショップやコンビニエンス・ストアを思い浮かべればよい。たとえば，大学正門の前で，昨日まで大村酒店という個人商店が営業していたがあまり売れないので，「Fマート」という名前を使わせてもらい，Fマート用の商品を並べてもらうことにする，その代わりに権利金と売上の何パーセントかを払う。これがフランチャイズ契約である。この契約には，Yとし

---

1)　会社法580条1項。
2)　北川114-116頁，内田28頁。なお，小塚荘一郎・フランチャイズ契約論（有斐閣，2006）も参照。

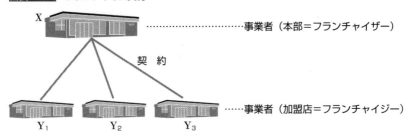

図表10-2 フランチャイズ契約

X ……………………事業者（本部＝フランチャイザー）

契　約

Y₁　　　Y₂　　　Y₃ ……事業者（加盟店＝フランチャイジー）

ては，Ｘの信用やノウハウを借りられるというメリットがあり，Ｘとして
は，営業はＹにまかせて商品開発等に集中できるというメリットがあるの
で，非常な発展を見せている。

　しかし，問題がないわけではない。営業がうまくいっていればよいがそう
でない場合，一方で，Ｘの不当勧誘が問題になる。Ｘの行った開店前の需
要予測などに問題はなかったかなどが争われた例がある。他方，ＸＹの契約
が中途で終了してしまっても，契約によってＹには以後何年か**競業避止義務**
が課されるのが普通である。しかし，そのような義務を無制限に課すことが
妥当かどうかも争われている。

（2）会員契約[1]

　スポーツクラブ，リゾートクラブなど，会員制クラブが最近では増えてき
ている。会員制クラブには，大きく分けて，**預託金会員型**と**法人型・共有型**
とがある。ここでとりあげるのは前者の方である。これは，経営主体である
Ｘ社に対して会員Ｙは預託金を預けることによって会員となるというもの
である。しかし，ＹはこれによってＸ社の財産に対して持分を持つことは
全くない。それゆえ，Ｙの利用権はあくまでもＸ社との契約にもとづくも
のであるということになる（次頁**図表10-3**）。

　この種のクラブ，特にゴルフクラブについては，1990年代の初めに大き
な社会問題が起きたため（会員を増やしすぎてプレーのできないゴルフクラブが

1）　北川 133-138 頁を参照。

図表 10-3　会員制クラブ

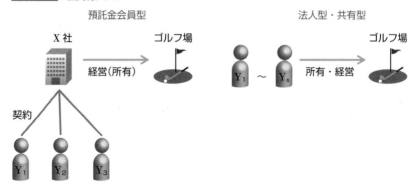

発生），特別法が制定されるに至っている（**ゴルフ会員法**）。それによって，開示の問題などについては手当がされた。ここでは，次の点についてのみふれておく。それは，「会員規約」は団体の規約ではなく，契約の一方当事者が設定した規約（約款）にすぎないということである。それゆえ，「理事会」が規約を変更して，預託金の据置期間を延ばしても，会員はそれに拘束されない（最判昭 61・9・11 判時 1214-68）。

2　組織性

最後に「組織性」について，少し考えてみよう。

組織型契約の典型である組合契約においては，一方で，組織の継続性が維持できるようなメカニズムが存在した。また，組合財産の独立性も確保されておりその面でも組織性は強かった。さらに，組織の意思決定に関しては多数決制が採用されており，自分は反対であっても組合員は組合の行為によって拘束される。以上のように，組合契約は，**組織の継続性・独立性**，また，組織の**自律性**をはかることができるものである。これは，社団法人と比べても，特に遜色のないものであると言える。余談だが，このことは，権利能力なき社団の概念の必要性に疑問を抱かせる契機ともなる。この概念は，団体名義での登記を認めるべきだという主張を導く以外にはあまり実益を持たないとも言える。もちろん，民法の定める公益法人の場合には，構成員の有限責任が定められているが，これはすべての法人に認められる効果ではない

（法人たる合名会社には認められない）。

　このような強度の組織性を持たなくても，多少とも組織的な性質を持つ契約はありうる。すでに紹介したフランチャイズ契約などは，競業避止義務を課すことによって，事業体の継続性をはかろうとしていると言える（あるチェーンに参加した以上は，一定期間は勝手に抜けて自分で同じ営業をすることはできないこととする）。そこでの問題は，組合ほどに強固な結合を指向するものではないのに，一面で，このような拘束を課すことが妥当かというものであった。

　さらに，会員契約あるいは保険契約のように，団体的構成をとるタイプのものと契約的構成をとるタイプのものが存在する場合もある。契約構成の場合には，団体についてあてはまる規律は当然にはあてはまらない。しかし，このような契約には，少なくとも一方当事者として多数人が想定されていることにより必要とされる規律がないわけではない。たとえば，先ほど，ゴルフクラブの規約変更は当事者を拘束しないと述べたが，契約であるがゆえに絶対にこうなるしかないというわけでもない。保険契約については，その「**（危機）団体的性質**」（同一の危険のもとに立つ多数人が団体を構成し，その構成員の何人かにつき危険が発生した場合，その損失を構成員が共同して充足するという性質）ゆえに，保険業法旧10条3項は保険料増額を認めていた（既存の契約にも適用される）。ただし，この規定が廃止された趣旨も含めて，慎重な検討が必要である[1]。

　以上のように，一口に組織性と言っても，そこには程度の差がある。以前に述べたように，売買の中でも継続的売買について見れば，そこには一定の組織性を見いだすことができる。しかし，それにもかかわらず，組合契約のように，組織形成を目的とする契約類型が存在することもまた確かである。取引型と組織型という対比は可能であるが，これらは理念型であり実際には中間的類型もある。この両方を押さえておく必要がある。

---

　1)　保険法学においては，団体性の強調は妥当でないとするのが一般であるという（山下友信・保険法〔有斐閣，2005〕62-64頁，山下友信＝竹濵修＝洲崎博史＝山本哲生・保険法〔有斐閣，第3版補訂版，2015〕29-30頁）。

以上をまとめて図示しておく（図表 10-4）。

図表 10-4　**取引＝組織軸による契約の分類**

強 ↑	組織型	組合
組織性	中間型	保険，継続的売買，フランチャイズなど
弱 ↓	取引型	通常の売買

MAIN QUESTION

契約による組織の特徴は？

KEY SENTENCES

■組合には，ある目的のために，人が集まっているという面と財産を持っているという面がある。

■民法上の組合には法人格がないので，……業務執行権限を持つ者があれば，この者のみが他の組合員全員を代理して行為することになる。

■一口に組織性と言っても，そこには程度の差がある。……取引型と組織型という対比は可能であるが，これらは理念型であり実際には中間的類型もある。

TECHNICAL TERMS

共同事業　出資　(利益の)分配　権利能力なき社団　共有　持分処分　分割請求権　脱退　除名　(併存的な)無限責任　中小小売商業振興法　競業避止義務　預託金会員型・法人型・共有型　ゴルフ会員法　組織の継続性・独立性・自律性　(危機)団体的性質

185

第4章　好意型の契約：贈与・使用貸借など

■ UNIT 11　使用貸借・贈与——無償の契約の特徴は？

■参照条文■　549条～554条，593条～600条

＊もうひとつⅡ-11

（贈与）

第549条　贈与は，当事者の一方がある財産を無償で相手方に与える意思を表示し，相手方が受諾をすることによって，その効力を生ずる。

（書面によらない贈与の解除）

第550条　書面によらない贈与は，各当事者が解除をすることができる。ただし，履行の終わった部分については，この限りでない。

　第1章・第2章では取引型の契約につき，**第3章**では組織型の契約につき，それぞれ説明した。取引型においても組織型においても，当事者は相互に何らかの給付を交換しあっていた。その意味でこれらの契約は基本的には有償契約であった。もっとも，消費貸借や委任などには無償のものもありうるが，それらはマージナルな存在でしかなく，そこでも重要なのは有償のものであった。これに対して，本節でとりあげるのは，**無償契約**，すなわち，一方当事者のみが，反対給付を得ることなく給付を行うという契約である。このような契約は法的には，一方当事者の「**好意**」によって基礎づけられる。

　この好意型の契約として，民法典に規定が置かれているのは，贈与（財貨移転型）と使用貸借（財貨非移転型）である。以下，この二つの契約類型を念頭に置いて，好意型契約の特徴について考えていきたい。先ほど述べたように，消費貸借，委任などについても無償のものがありうるが，それらについては特にふれることはしない。

　順序としては，まず実定法上の問題について説明し（Ⅰ），続いて理論的な問題について検討を加える（Ⅱ）。

Ⅰ　実　定　法

1　成　　立

（1）　要式性・要物性の要求

　贈与は，当事者の一方（贈与者）が，自分の財産を無償で与えることを約し，他方（受贈者）がこれを受諾することによって成立する契約である（民549条）。これだけだと，贈与契約もまた諾成契約であるように見える。しかし，これには次のような制約がかかっている。それは，**書面によらない贈与**は，履行済みでない限りは取り消すことができる，すなわち，完全な拘束力は持たないという制約である（民550条）。口頭の贈与で未履行のものは解除ができるということは，逆に言うと，解除できない贈与とは，書面による贈与か履行済みの贈与であるということになる。つまり，方式の具備か物の引渡しのどちらかがない限り，贈与は解除可能なわけである。これは実質的には，贈与を要式または要物の契約にしたのと変わりない。

それにもかかわらず，贈与を形式的には諾成契約とした（技術的には，義務を免れるには解除の意思表示を要することにした）背景には，日本における贈与観の影響が認められると言われている。具体的には，日本社会では日常的な贈答が社会的に重要な意味を持っているということ，また，民法典の起草者たちが依拠していた武士階級には一度言ったことは覆さない（武士に二言はない，虚言遁辞は卑怯）という意識があったということ，が影響を与えたとされている[1]。なお，後者は，ヨーロッパ伝来の契約自由の原則とある意味で整合的であった（一度契約したのに後でそれを否定するということはできるだけ認めるべきではない。それゆえ，契約の効力を否定するような規定をあまり設けるべきではない）。それゆえ，日本民法典は全体として自由放任主義的なトーンを持つことになっている（公序良俗違反の範囲など当初は非常に狭かった）。そして，これは明治国家の産業政策には好都合であった（取引の安全を確保できるから）。

なお，「書面」とは必ずしも契約書ではなくてもよいとされている。たとえば，農地所有権移転許可申請書や調停調書などでもよい。さらに，最判昭60・11・29民集39-7-1719［47］〈33〉は，AがBから譲り受けた不動産をYに贈与したという場合に，AがBに対し，Yに登記を移転することを求めた内容証明郵便も書面にあたるとしている。この判決は贈与に書面が要求される理由も述べているが，この点については後でふれよう。また，「履行」とは主として引渡しであるが，動産の場合，これは占有改定などでもよく，不動産の場合には，引渡しか登記の一方があればよい。最判昭40・3・26民集19-2-526〈34〉は，登記済みだが引渡しは未了という場合にも履行済みであるとしている。

使用貸借の方は旧法では，一方（借主）が無償で使用収益をした後で返還することを約して，他方（貸主）から物を受け取ることによって成立するとされており（旧593条），要物契約であることは明らかであった。債権法改正においては，諾成契約化がなされたが（新593条），書面によるのでない限り，

1) 来栖三郎・契約法（有斐閣，1974）245-248頁，同「日本の贈与法」比較法学会編・贈与の研究（有斐閣，1958）。池田清治「民法550条（贈与の取消）」民法典の百年Ⅲも参照。

借主が物を受け取るまで貸主は契約を解除できるとされている（新593条の2）。結果として，贈与と同様の規律がなされることになった。

　以上のように，好意型の契約については，正面から定めた規定の有無にかかわらず要式性または要物性が要求されている。

> **取消し・撤回・解除**　民法550条は，2004年の現代語化までは「取消し」という文言を用いていたが，以前からここでの取消しは「撤回」に他ならないと解されていたため，2004年改正時にそのように改められた。さらに，債権法改正においては，これを「解除」に改められた。その理由は，2004年改正時に「撤回」の用語法が変化したことに求められている（現在では，撤回は意思表示につき，解除は契約につき用いられると整理されている）。

(2)　贈与の解除

　ところで，贈与に関しては，民法典の定める場合（口頭の贈与，履行前の贈与の場合）以外にも，解除が認められる場合があるのではないかということが議論されている（**図表 11-1**）。もしそのようなものが認められるとすると，現在の規定以上に，贈与契約の拘束力は弱められることになる。

　この点を比較法的に見ると，次のような立法例がある。すなわち，受贈者に亡恩行為があった場合（ドイツ，フランス），贈与によって贈与者の生計維持が困難になった場合（ドイツ），贈与後の贈与者に子どもが生まれた場合（フランス）などに解除が認められている。日本法においては，このような解除を認める規定はないのであるが，学説には，新たな解除事由，特に**亡恩行為による解除**を認めるべきことを主張するものが多い。また，下級審裁判例

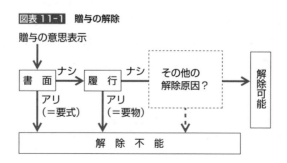

図表 11-1　**贈与の解除**

にはこれを認めたものもないわけではない。たとえば，最判昭53・2・17判タ360-143〈35〉の1審判決（東京地判昭50・12・25判時819-54）である。ただし，2審と最高裁は，当該贈与は負担付贈与（民553条）であるとの認定に立って，負担の不履行を理由とする解除を認めている。なお，債権法改正においては，明文の規定を置くことが検討されたが（中間試案第36の5受贈者に著しい非行があった場合の贈与契約の解除），実現には至らなかった⑪。

　このような解除権を正面から認めにくいのは，その解釈論上の説明が難しいからである。学説には，負担付贈与のほかに受遺欠格（民965条→民891条）・解除条件（民127条2項）など擬制的な事実認定によって処理するものと，端的に信義則・条理などによって処理しようとするものとがあるが，いずれも苦しい構成である。より根本的な問題に立ち返ってこれを正当化する理論を樹立する必要があるように思われる。この点についても，後で再びふれよう（⇒Ⅱ❷(1)）。

❷　効　　力

　もちろん，贈与の場合には贈与者が財産権移転義務を，使用貸借の場合には貸主が目的物を使用収益させる義務を負うことになる。受贈者や借主はこれに対する対価の支払を要さない（片務契約）。ところで，効力の点では，好意型契約の特色は責任や終了に現れる。

　◆　責　　任　　まず，瑕疵担保責任が問題になる。もともと贈与における瑕疵担保責任は，非常に軽いもので，知っていて告げなかった場合以外は責任を負わないとされてきた（旧551条1項）。なお，実際にはあまり問題にならないが，使用貸借や無利息消費貸借においても，担保責任は軽減されていた（旧590条2項・596条）。ちなみに賃貸借の場合には民法559条により売買の規定が準用されることになるし，利息付消費貸借の場合にも同様である。新法においては，以上の考え方を維持しつつ，同時に，瑕疵とは契約適合性の欠如にほかならないという考え方に照らして，責任の内容を固定していた従前の規定を改めて，これを契約解釈の標準を示す推定規定とした（新551条・590条1項・596条）。

全く担保責任を負わない場合[1]　　贈与者が瑕疵を知っていたとしても担保責任を負わない場合もありうる。受贈者が瑕疵のある（ありうる）ことを知って贈与を受けている場合，あるいは，知ることが期待される場合などがこれにあたるだろう。結論自体は妥当であるとして，このような場合をどのように説明するかについては，なお検討すべき問題が残されている。

無償契約における注意義務の程度　　以前にふれたように，無償寄託については，受寄者の注意義務は自己の財産に対するのと同一の注意でよいとされている（民659条）。これも有償寄託ならば善良な管理者の注意が要求されることになる（民400条）。贈与・使用貸借の問題ではないが，無償契約における責任軽減の重要な一例であるので，付言しておく。

◆ 終　　了　　次に，使用貸借の存続期間が問題になるが，使用貸借の場合の存続保障は，賃貸借に比べると極めて薄い。第一に，期間を定めた場合については更新はなく期間満了とともに契約は終了する（597条1項）。第二に，期間を定めない場合には，貸主の返還請求は広く認められており予告期間もない（新598条1項・2項〔旧597条2項ただし書・3項）。なお，使用貸借は，借主の死亡によっても終了する（新597条3項）。

Ⅱ　理　　論

以上が制度の説明であるが，続いて，やや理論的な説明をしたい。それは，無償契約とはどのようなものかにかかわるが，これは同時に，契約とは何か，契約はなぜ拘束するのかということでもある。その意味で，以下の説明は，契約法の一応のまとめともなる。

1　無償契約の機能
まず，贈与・使用貸借という代表的な好意型契約について，その機能を見

---

1)　潮見53頁，192頁。

てみよう。

（1）贈　　与

　贈与は様々な場面で行われる。中元・歳暮のような日常的な贈答は円滑な交際（社交）のために行われるのだろう。これらは好意に支えられてはいるが，その背後には**互酬**の関係があり，社会学的に見れば反対給付がないわけではない。これに対して，公益団体への寄附・募金応募などは，全く反対給付のない贈与であると言える。

　このような贈与と並んで，重要なのは，親族間などで行われる贈与である。と言っても，おじいさんが孫に与えるお年玉などではなく，たとえば，学資・結婚資金・住宅資金などとして親が子に与えるまとまった額の金銭などが重要である。これらは，機能的には**相続**の先取りという性格を持つ。そして，法律のレベルでも，これらは一定の場合には相続分に含めて取り扱われる（民903条・1044条）。

　人は死に際して自分の財産を処分するのに，贈与あるいは遺贈（これは単独行為——相手方の承諾がなくとも有効，ただし，民986条により放棄は可能）という手段を用いることもできるが，このような処分をしないと民法のルールに従って遺産は配分されることになる。逆に言うと，法定相続のルールと異なる配分をするために，贈与や遺言が用いられるということになる。

　贈与の場合には，このような相続補完的な機能が極めて重要である。フランス法系の国では，贈与は遺言とあわせて相続法の一部を構成するものとして取り扱われているが，このことをよく反映した処理だと言えよう。

（2）使用貸借

　使用貸借，あるいは，無償の委任・寄託などは，家族あるいは親戚・知人などの間で行われることが多い。それは，全くの好意から出ることもあるが，何らかの思惑があることもある。いずれにしても法的には無償のものとして扱われる。

　ここで注意すべき点は，契約として意識的に締結されない場合にも，これらの契約が成立しているとされることがあるということである。たとえば，親の土地に子が家を建てたという場合，土地利用権について明示の合意がないということは少なくない。その場合に，子の土地利用権を説明するために

これは使用貸借だと言う。また，近所の子を預かったという場合，契約という意識はあまりないだろうが，契約を観念するとすれば委任（正確には準委任）ということになるだろう（物ではないので寄託にはならない。民657条参照）。

それでは，日常的・事実的な好意関係を「契約」として構成することの意味はどこにあるのだろうか。これは，無償契約にはどの程度の法的保護が与えられるのかという問題であり，それは同時に，契約とは何か，契約の拘束力とはいかなるものかという問題である。

②　無償契約の法的保護

（1）　有償契約との対比[1]

これまでに何度かふれてきたように，無償契約の法的保護の程度は有償契約に比べると低いものである。

成立のレベルで見ると，有償契約が原則として諾成契約とされるのに対して，無償契約は要式契約・要物契約とされている。合意だけでは契約としての拘束力を認めるのには不十分であるというわけである。それでは，なぜ有償契約ならば合意だけで契約は成立するのだろうか。先にあげた贈与に関するある判例は，贈与の場合，贈与者は軽率な意思表示をしやすい，また，明瞭に意思表示をさせる必要がある，という理由で書面が要求されているとしていた。では，有償契約の場合には，軽率な意思表示はなく，また意思表示を明瞭にさせる必要はないのか。この点については，次のように考えるべきだろう。

◆　反対給付の不在　ポイントは，有償契約の場合には，反対給付（対価）が存在するという点にある。売主が所有権移転義務を負うのは，代金という反対給付を得るためである。何ら反対給付がない場合に比べると，この場合の処分行為には一般的に見て合理的な理由があるし，その意思表示の存在も反対給付の約束の存在によって指し示される。

---

1)　広中は，有償・無償を契約法の基本概念とする。本書もこの考え方に従っているが，実際には，有償・無償の中間とも言うべき契約が存在することもまた確かである（委任につき，星野281頁参照）。

合意だけで契約は成立すると言っているが，その実，背後には，それを支える経済的な対価関係が存在しているわけである。その意味で，契約は客観的な存在基盤を持っているわけである。

　無償契約の場合には，このような反対給付が欠けている。そこから，合意の不安定性・不確実性が出てくるわけである。それゆえ，方式ないし物の引渡しといった客観的な要素によって，契約の存在を明らかにすることが必要とされるのである。

◆　目的の考慮　　　ところで，有償契約の場合には，一方当事者が給付を行う理由は，他方当事者の提供する反対給付にあるわけだが，無償契約の場合にはどうだろうか。贈与者は何の理由もなく贈与を行うのだろうか。反対給付がないということは，直ちに何の理由もなく給付が行われることを意味するわけではない。そこには何らかの理由がある。一口に「好意」と言うが，その背後には何らかの人間関係が存在することが少なくない（もっとも，純粋な・抽象的な好意も存在しないわけではないけれども）。ただ，この人間関係は具体的な対価としてとらえられるものではないので，法はこれを視野の外に置き，契約としては対価のない，無償のものとして扱うのである。

　無償行為の基礎理論　　　しかし，それでもなお，この関係は一部は法の考慮の対象となしうる，なすべきではないか。亡恩行為などによる解除を認めるべしとする学説は，このような主張をしていることになる。

　その際の理論構成として，贈与の「目的」（内容としては重要な動機）を措定して，それが失われた場合には贈与はその基礎を失うと考えるという方向が目指されるべきであるように思う。これはちょうど，有償契約において相手方の反対給付が失われた場合には契約はその基礎を失い失効するのと対比して考えることができる。以上のような考え方を基礎づけるには，フランス法あるいは旧民法が持っていた「原因」（cause）という概念——契約上の債務を根拠づける概念で，双務契約においては反対給付の存在が「原因」であるとされる——を再び呼び戻すという作業が有益であるように思われる（次頁**図表11-2**）。

　このような理論は，贈与をはじめとする無償契約に，現在のそれよりもはっきりとした輪郭を与えることになるのではないかと思われる。

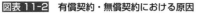
図表 11-2　有償契約・無償契約における原因

＊売買（有償契約）では，
　Aの債務の原因は，Bの反対給付

＊贈与（無償契約）では，
　Aの債務の原因は，重要な動機
　例：Bから物をもらった，これからもらう，等
　（これらは反対給付ではない）

　成立のレベルに深入りしたが，効力のレベルについても確認しておこう。効力のレベルでも無償契約の拘束力は低いものにとどまっている。それは，責任の程度，存続保障の程度などに端的に現れていた。ともかく成立したとはいえ無償契約は反対給付の存在しない契約である。その拘束力は弱いものでしかない。しかし，それでもある程度の効力は認めよう，認めたいというところに，ある約束を無償契約として認める意味がある。

（2）　単なる約束との対比

　無償契約の保護の程度は有償契約に比べれば低いとは言うものの，それでも一定の保護が与えられていることは確かである。その意味で，無償契約と言えども契約にほかならない。単なる約束とは違うのである。

　やや唐突だが，ここで契約の定義についてふれておきたい。いくつかの定義が存在する。ドイツふうの定義は「二個以上の意思表示によって構成される法律行為」というもの，フランスふうの定義は「法的拘束力を持つ（権利義務の発生・移転・変更の原因となる）約束」というもの。前者は，遺贈のような単独行為と契約とを区別するための定義であり，そこでは契約の上位概念は法律行為である。これに対して，後者は，契約と単なる約束とを区別するための定義であり，ここでは契約の上位概念は約束一般である（**図表11-3**）。

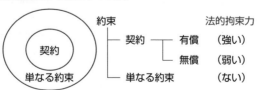
図表11-3　契約と単なる約束

さて，以上の話から契約と単なる約束の境界をどう考えるかという問題が出てくる。観念的には，約束に法的な保護が与えられるかどうかによって両者は区別されることになる。演出家と知り合いの女優が，彼とのデートの時間にやって来ないのは約束違反にすぎず法的な制裁は受けないが，舞台の開演時間にやって来ないのは契約違反であり損害賠償をとられる。これが単なる約束と契約の違いだというわけである。

隣人訴訟　しかし，両者の限界は実際にはあいまいである。特に無償契約と単なる約束とは，場合によっては紙一重である。たとえば，隣人訴訟と呼ばれる有名な事件があった（津地判昭58・2・25判時1083-125）。Xの子どもAとYの子どもBがYの家の近くで一緒に遊んでいたので，Xは子どもをYに頼んで買物に出たところ，Aが家の近くの溜め池に入って溺れ死んだというのがこの事件だった。XからYに対する損害賠償請求に対して，裁判所は準委任契約の成立を否定したが，Yには不法行為法上の注意義務違反があるとして損害賠償を認めた。判決は次のように認定している。「Xは……Yに，使いにゆくからよろしく頼む旨を告げ，Yも，子供達が二人で遊んでいるから大丈夫でしょうといってこれをうけた」。そして，この応答は「近隣のよしみ近隣者としての好意から出たもの」であり準委任契約締結の効果意思にもとづくものではないとした（**図表11-4**）。

図表11-4　隣人訴訟

この判断は微妙なものである。他の可能性としては，準委任契約を認めるが，それが無償契約であることに鑑み注意義務の程度を低くすることも考えられた。裁判所は，そのようなことをせずに，不法行為法による解決の道を選んだわけだが，その背後には，委任であるとしつつ注意義務の程度を下げるのは難しいという感覚があったのかもしれない。もし，適切な無償契約の理論が確立されていれば，法律構成は別のものとなった可能性もないわけではない。

　契約と単なる約束の境界にかかわる問題としては，もう一つ，**自然債務**と呼ばれる問題がある。自然債務とは，履行すれば相手方はそれを債務の履行として受け取ってよいが，自分から積極的に訴訟に訴えて請求することはできないという債務であるとされている（日本では「徳義上の債務」などとも呼ばれる）。たとえば，戦前に，有名な「カフェー丸玉事件」がある（大判昭10・4・25新聞3835-5〈1〉）。カフェーの女給さんに店をもたせてやるといったような約束をしたが，それは相手の歓心を買うための約束であり，訴訟上請求できるようなものではないというのが大審院の判断であった。

> **事務管理や心裡留保への着目**　　本文で紹介したような事件を別の法理で処理することも不可能ではない。まず，隣人訴訟のケースに関しては，委任契約が成立したか否かという二分法で考えるべきではなく，「準契約」としての事務管理（⇒本シリーズ不法行為編）によって処理することを示唆する見解もある[1]。また，自然債務のケースに関しては，心裡留保で処理することも可能である（東京高判昭53・7・19判時904-70〈2〉）[2]。さらに，契約交渉過程論を持ち出して，本契約が成立したとは言えないといった構成も考えられる。いずれにしても，法的拘束力を与えるべき約束と言えるかどうかは一律に決することができるわけではない。なお，有償契約と無償契約の境界にも似たような難問はある（売買と負担付贈与の区別。これについては立ち入らない）。しかし，それでも，有償契約―無償契約―単なる約束という三分類には，やはりここでも理念型としての意味があるということはふまえておく必要がある。

　後半はやや難しい話になったが，有償契約と無償契約との間には大きな違いがあることがわかってもらえればよい。そして，その違いは，反対給付の存否にあるということ，契約の拘束力を意思だけで説明する見解には限界があるということ，これらも大事な点である。契約法は，意思の実現の法としてではなく，財産の交換の法としてとらえられるべきなのである。

---

1)　加藤6頁。
2)　内田貴・民法Ⅰ（東京大学出版会，第4版，2008）50頁。

MAIN QUESTION

無償の契約の特徴は？

KEY SENTENCES

■贈与を形式的には諾成契約とした背景には，日本における贈与観の影響が認められると言われている。

■贈与における瑕疵担保責任は，非常に軽いもので，知っていて告げなかった場合以外は責任を負わない。

■使用貸借の場合の存続保障は，賃貸借に比べると極めて薄い。

■法定相続のルールと異なる配分をするために，贈与や遺言が用いられる。……贈与の場合には，このような相続補完的な機能が極めて重要である。

■有償契約の場合には，反対給付（対価）が存在する。……合意だけで契約は成立すると言っているが，その実，背後には，それを支える経済的な対価関係が存在している。……無償契約の場合には，このような反対給付が欠けている。そこから，合意の不安定性・不確実性が出てくるわけである。それゆえ，方式ないし物の引渡しといった客観的な要素によって，契約の存在を明らかにすることが必要とされる。

■反対給付がないということは，直ちに何の理由もなく給付が行われることを意味するわけではない。そこには何らかの理由がある。……ただ，この人間関係は具体的な対価としてとらえられるものではないので，法はこれを視野の外に置き，契約としては対価のない，無償のものとして扱う。

■契約法は，意思の実現の法としてではなく，財産の交換の法としてとらえられるべきなのである。

TECHNICAL TERMS

無償契約　好意（型の契約）　書面によらない贈与　忘恩行為による解除　互酬
相続　原因　自然債務

REFERENCES

広中俊雄・契約法の理論と解釈（創文社，1992）

　　広中教授の論文集のうち，「有償契約と無償契約」など，契約法の基礎理論に関する論文を集めたもの（以前は，同・契約法の研究〔有斐閣，1958〕に収められていたものを中心とする）。歴史的な基礎研究である，同・契約とその法的保護（創文社，初版，1974，著作集版，1992）も参照。

第5章　その他の契約

■ UNIT 12　その他の契約──その他の分類として何が重要か？

■参照条文■　537条〜539条

　前章までで契約各則に定められた典型契約のほとんどについては説明を終えた（終身定期金が残っているが，本章で簡単にふれる）。本章においては，契約各則には規定は置かれていないが，理論上も実際上も重要な契約類型のいくつかをとりあげる。具体的には，契約各則の外に規定が置かれているもの（置かれるべきもの）につき説明した上で（I），民法典の外に規定が置かれているが，民法典の中に置くことも考えられるものに及ぶ（II）。

I　契約各則の外で

　民法典を見渡すと，契約各則以外の部分に規定が置かれている契約類型が存在することに気づく。たとえば保証や夫婦財産契約などがその典型例である。これらについては，関連の諸制度（保証に関しては多数当事者の債権債務関

係，夫婦財産契約に関しては法定財産制）とあわせた形で規定が置かれているが（⇒本シリーズ担保編・家族編），これらが売買や賃貸借と並ぶ契約類型であることは確かである。これに対して，売買や賃貸借など契約各則に列挙された諸類型とは異なる次元に位置する契約類型が存在する。その中には，民法典に規定が置かれているものと置かれるべきであるものとがある。

1　第三者のための契約

前者の典型例は，第三者のための契約である。

売買や賃貸借などの契約において，第三者を受益者とする契約が可能とされている。一般にこのような契約を「**第三者のためにする契約**」と呼んでおり，民法典はこれに関する若干の規定を置いている（民537条～539条）。一般に，契約に登場する3人の関係者を図のように呼んでいる（**図表12-1**）。

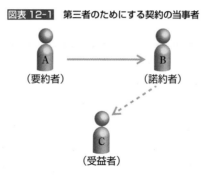

図表12-1　第三者のためにする契約の当事者

A（要約者）

B（諾約者）

C（受益者）

民法は第三者のための契約を可能であるとしており（民537条1項），CがBに対して，受益の意思表示をすると，受益者たるCの権利が発生する（新537条3項〔旧537条2項〕）。そして，この権利はBに対する直接の権利であり（民537条1項），契約の当事者A・Bは，もはやこれを変更することができなくなる（民538条）。また，Bに債務不履行があっても，AはCの承諾なしには契約を解除することができない（新538条2項）。

このような取扱いについては，読者は特に変わっていると思わないかもしれないが，契約の効力は当事者間にしか生じない（**契約の相対効**と言う）とい

うのが古くからの考え方であったのに対して，これは一つの例外をなすものである。それゆえ，第三者のためにする契約が認められるには時間がかかった。たとえば，フランスでは，19世紀の後半に保険契約の発達に伴って，ようやく判例がこれを認めるようになった。そのような動向を受けて，日本法は，これが認められることを明示する条文を置いたわけである。

　重ねて注意を促しておくが，第三者のための契約は，売買・賃貸借等と同次元の契約類型ではない。これまでふれる機会がなかった終身定期金もまた，これと同じタイプの契約類型としてとらえることができる。

　　終身定期金　　民法689条は，一方当事者が他方当事者や第三者に対して，定期的に金銭等を給付する契約を終身定期金契約としており，この金銭等の出所についてはふれていない。それゆえ，ここには，無償の終身定期金契約も含まれる。しかし，実際に考えられるのは，有償の終身定期金契約である（民法691条は有償の場合を想定している）。特に，ヨーロッパでは，売買の代金を定期金として支払うことが行われてきた。この沿革を重視するならば，終身定期金は売買に付随する条項としてとらえてもおかしくはないことになる。ほかに年金型の保険なども終身定期金の一種として考えることができる。

　そうであるとすると，これまではあまり使われることのなかった終身定期金も，高齢社会においては活用の可能性があるかもしれない。実際のところ，自治体等では，高齢者から不動産を譲り受けて，対価として定期金を支払うという制度も構想されている（「リバース・モーゲージ」などと呼ばれている）。

　民法典の終身定期金の特徴は，定期金が支払われるのは相手方が生きている間に限られるという点にある。したがって，相手方が長生きすると支払総額は高額になるが，早死すると低額にとどまることになる。どれくらいの額が支払われるかは死亡するまでわからない。このように給付内容が偶然に左右される契約を「射倖契約」と呼んでいる。

　なお，債権法改正においては，当初は終身定期金規定の廃止も検討されたが，その後は，終身定期金の前提として元本授受がなされている場合につき，定期金の不払を理由に契約を解除して元本の返還請求をすることができることを明示する規定を置く提案がなされるに至った（中間試案第45終身定期金）。こうした規定が置かれれば，終身定期金の性質はよりわかりやすくなったはずだが，実現には至らなかった⑭。

2　継続的契約

後者の典型例は，**継続的契約**である[1]。

　たとえば，売買が企業間で行われる場合，それが1回限りのものである（「単発的契約」と呼ばれる）ことはむしろ少ない。同じ企業を相手に，何度か同じ種類の売買契約を締結するのが普通であろう。スーパーがある商品の仕入れをするという場合，仕入れのたびに業者を変えるというのは，交渉のコストなどを考えると効率的ではない。そこで，原則として同じ業者から仕入れを行う。そうすると，両当事者の間には，1回ごとの売買契約を越えた継続的な契約関係が生じることになる。

　このように，企業間取引には継続的契約が多いのであるが，その継続性の程度は様々である。ある場合には，一定期間の継続的契約を保証する契約（「**基本契約**」と呼ばれる。このもとでの1回ごとの契約は「**個別契約**」と呼ばれる）が交わされることもあるだろうが，そのようなものはなく事実上取引が続いている場合もあるだろう（**図表12-2**）。また，一方当事者の他方当事者への依存度にも程度の差がある。西武デパートとサントリーとが取引しているという場合には，相互の依存度はそれほど大きくはないかもしれない。しかし，たとえば，トヨタ自動車とその部品メーカーとの取引の場合（下請の場合），部品メーカーはその生産品の大部分をトヨタに納品していることが多い。このような場合には，依存度は極めて大きい。

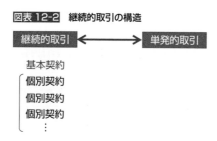

図表12-2　継続的取引の構造

継続的取引 ◄──────► 単発的取引

基本契約
個別契約
個別契約
個別契約
　　⋮

---

1)　中田裕康・継続的売買の解消（有斐閣，1994），同・継続的取引の研究（有斐閣，2001）を参照。

　継続的契約の場合，特に，一方の他方への依存度が大きい取引の場合には，いろいろな問題が生じる。具体的には，一方で，優位企業による買いたたきや支払遅延などが起こりうる。他方，優位企業による一方的な取引終了が特に大きな問題となる。たとえば，トヨタとの取引を打ち切られた部品メーカーはその存立自体が危ぶまれることにもなろう。前者の問題については，下請代金支払遅延等防止法などによる規制がなされているが，後者の問題については，特別な規制は存在しない。ただ，最近では，継続的取引の解消に対して，一定の制限を設けるべきだという主張が強くなってきている。

　継続的契約のうちで最も重要な**継続的売買**について考える場合には，次の二つの問題との関連にも注意する必要がある。一つは，民法典が定める継続的な契約類型（賃貸借や雇用など）における制度・法理との関連である。解約の制限などは，共通の問題なので，これらの契約類型に関する規定が参考になるだろう。もう一つは，組織型の契約との関連である（⇒**第3章**〔UNIT 10〕）。部品の下請というのは，いわば，自社内の部品製造部門を外部の独立の会社として，これを契約関係によってつなぎ止めるものであると言える。このような組織化のための契約類型としては，組合がある。ほかに，代理店契約とかフランチャイズ契約なども重要である。これらの契約について生じる問題のうち，競業避止義務や秘密保持義務などは継続的売買でも問題にならないわけではない。それゆえ，ここでも類型を超えた横断的な検討が必要だろう。

　　継続的契約に関する立法論〔Unbuilt〕　　本文で述べたように，継続的取引（特に継続的売買）に関しては，とりわけ解約の制限が問題になる。そこで債権法改正においては，この点に関する下級審裁判例や学説の考え方を明文化することが検討されたが（中間試案第34 継続的契約），実現には至らなかった。

Ⅱ　民法典の外で

　民法典の定める（広義の）契約法に対して，特別法が存在することがある。その中には，①個別の典型契約に関する特別法，②既存の典型契約とは別の

契約類型を設定する特別法，そして③より広く適用される特別法とがある。
①の例としては，借地借家法（賃貸借に関する特別法），任意後見契約法（委任
に関する特別法）など，②の例としては，信託法，割賦販売法などをあげる
ことができるが，これらについては，それぞれ関連の箇所で説明してきた
（借地借家法⇒UNIT 6/7，任意後見契約法，信託法⇒UNIT 9，割賦販売法⇒UNIT 8）。
そこで，以下においては，③の例として，消費者契約法・労働契約法をとり
あげるとともに，商法（商行為法）にも言及する。

1　消費者契約

　2000 年に制定された消費者契約法は，**消費者契約**を「消費者と事業者との
間で締結される契約」と定義している[1]。

　特殊な形態の消費者契約に関しては，消費者契約法の制定以前から特定商
取引法による規律がなされており，相次ぐ改正によってその適用範囲はかな
り広いものとなっている。しかし，それでもすべての消費者契約に適用され
るわけではない。また，悪質な事業者は，適用範囲から外れる契約を巧みに
仕組むこともある。そこで，消費者契約一般に適用される特別法の制定が望
まれていた。

　この要望に応える形で，2000 年に消費者契約法が制定された。消費者契
約法は民法 90 条や 709 条などを利用して展開されてきた判例法理の影響を
受けると同時に，法技術の面では特定商取引法を下敷きにしており（特に，
不実表示や威迫困惑行為の禁止など），民法の一般法理と消費者法において発展
してきた法技術を架橋する位置にある。

　なお，民法の定める契約法以外に，消費者契約に関する特則が必要な理由
は，「消費者と事業者との間の情報の質及び量並びに交渉力の格差」[2] に求
められている。

---

1)　消費者契約法 2 条 3 項。なお，消費者・事業者はそれぞれ同 2 条 1 項・2 項で定義
　されている。
2)　消費者契約法 1 条。

クーリングオフ制度　消費者法の法技術のうちで最も注目に値するものの一つが**クーリングオフ**である。この制度の法的性質については，特殊な解除権を与えたものであるとする見解もあるが，契約の完全な成立を遅らせるものであるとする見解もある。単に合意をしただけで契約が成立するというのは，必ずしも日本人の契約意識に合致しない。特に，**訪問販売**[1]のように，半ば強引に合意をとりつけられた場合には，「早すぎる契約成立」の問題が顕在化する。そう考えるならば，後の見方にも説得力がある。訪問販売の場合，合意に加えて，一定の時間の経過があって，はじめて契約は成立すると見るわけである。しかし，機能的に見れば，クーリングオフには，錯誤・詐欺・強迫にはあたらないような微弱な意思の瑕疵について，消費者を救済するという意味があると言えよう。

債権法改正と消費者契約〔Unbuilt〕　債権法改正においては，当初は，消費者契約に関する規律を民法典に導入することが検討された（論点整理第62の1・2)[2]。中間試案においては，消費者の概念規定や消費者契約に関する特則の設置は断念されたが，消費者契約そのほか「情報の質及び量並びに交渉力の格差がある当事者間で締結される契約」（「格差契約」と呼ばれることもある）につき，信義則等の適用にあたり格差の存在を考慮しなければならないとする規定の導入が，なお検討課題とされていた（中間試案第26の4)。しかし，この規定は新法には採用されず，結果として，民法典に消費者に関する規定が置かれることはなかった。

② 労 働 契 約

2007年に制定された労働契約法は，「**労働契約**は，労働者が使用者に使用されて労働し，使用者がこれに対して賃金を支払うことについて，労働者及び使用者が合意することによって成立する」[3]と定めている。

---

1)　訪問販売法（現在は特定商取引法）の数次に及ぶ改正につき，大村敦志「生成過程から見た消費者法（その2)立法から立法への波及」消費者法研究6号（2019)。
2)　ドイツやオランダなど近年は，このような立法例が増えている。なお，この点については，後藤・後掲書〔REFERENCES〕329頁以下参照。
3)　労働契約法6条。なお，労働者・使用者は同法2条1項・2項でそれぞれ定義されている。

　労働条件に関しては，従来，強行的な基準を定める労働基準法が規制法的な役割を果たしてきたが，労働契約法は，労働関係を契約としてとらえて，その成立・変更・継続・終了を規律している。民法上の雇用と労働契約法上の労働契約の異同については議論があるが，両者はかなりの程度まで重なりあう。民法の雇用規定を現代化するにあたって，民法改正を行うのではなく特別法を制定したと言うべきであろう。

　なお，労働契約法においては，「合意の原則」のほかに「均衡の考慮」「仕事と生活の調和」が基本原則として掲げられていることが注目される[1]。

> **債権法改正と労働契約〔債権法改正〕**　　債権法改正にあたって，労働法学からはその影響が労働法に及ぶことに対する警戒感が示された[2]。また，法案審議の過程では，労働組合から同様の危惧が示され，しばしば労働契約への適用除外が主張された。確かに，今日では労働契約は労働法の重要な要素となっており，民法からの独立度を高めている。しかしながら，労働契約の重要性に鑑みるならば，労働契約に関する中心的な規定を民法典に置き，市民社会に共通の問題として労働契約を位置づけることは一考に値する[3]。

3　商事契約

　消費者契約法，労働契約法のほかに，商行為法（商法の商行為編）は，「**商行為**」につき民法の特則を定めている[4]。その中には，①代理・契約の申込み・債務の連帯・報酬・利息・履行場所・留置権[5] のように，特定の契約類型を超えて適用されるもののほかに，②商事売買[6] のように，民法の定

---

1)　労働契約法3条1項〜3項。なお，同条4項・5項は労働契約における信義則・権利濫用禁止を改めて宣言している。
2)　土田道夫編・債権法改正と労働法（商事法務，2012）などを参照。
3)　新屋敷恵美子・労働契約成立の法構造（信山社，2016）は，契約法の基礎理論を視野に入れたものとして注目される。
4)　商法501条（絶対的商行為）・502条（営業的商行為）・503条（附属的商行為）。
5)　商法504条（代理）・507条〜510条（契約の申込み）・511条（債務の連帯）・512条（報酬）・513条（利息）・516条（履行場所）・521条（商事留置権）。
6)　商法524条〜528条（商事売買）。

める典型契約につき商事特有の修正を加えるもの，③匿名組合，仲立，問屋，運送，倉庫（そして保険法成立前の保険）[1] のように，民法に存在しない類型につき定めるものなどがある。

　このように，民事一般の契約と商事の契約とが区別されて民法典と商法典に規定が置かれているのは，商法が中世ヨーロッパの商慣習法に由来することなどによる。しかし，20世紀以降の民法典（特に契約法）には，民事・商事の区別をしないものも増えてきている。

> **債権法改正と民商統一法典〔Unbuilt〕**　　債権法改正においては，当初は，事業者間契約に関する規律を民法典に導入することが検討された（論点整理第62の3)[2]。しかしながら，消費者契約に関する規律が排除されたのとあわせて，このような特則も排除された。

---

1) 商法535条〜542条（匿名組合）・543条〜550条（仲立）・551条〜558条（問屋）・559条〜564条（運送取次）・569条〜594条（運送）・595条〜617条（寄託・倉庫）・旧629条〜683条（保険）。
2) いわゆる民商統一型の法典は，スイス，イタリアなどに見られるほか，UCC（アメリカ統一商事法典）などもこの考え方と親和的である。

MAIN QUESTION

その他の分類として何が重要か？

KEY SENTENCES

■売買や賃貸借など契約各則に列挙された諸類型とは異なる次元に位置する契約類型が存在する。その中には，民法典に規定が置かれているものと置かれるべきであるものとがある。

■民法典の定める（広義の）契約法に対して，特別法が存在することがある。その中には，①個別の典型契約に関する特別法，②既存の典型契約とは別の契約類型を設定する特別法，そして③より広く適用される特別法とがある。

TECHNICAL TERMS

第三者のためにする契約　契約の相対効　継続的契約　基本契約・個別契約　継続的売買　消費者契約　クーリングオフ　訪問販売　労働契約　商行為

REFERENCES

後藤巻則・消費者契約と民法改正（弘文堂，2013）

　消費者契約法につき，それ自体の改正課題，民法改正との関係の両面から検討を加えるもの。同・消費者契約の法理論（弘文堂，2002）も併読すると民法と消費者契約法との関係をより立体的に理解できる。

補　論　類型思考と法

■ UNIT 13　類型思考と法——契約各則はなぜ存在するのか？

補　論　類型思考と法
　　Ⅰ　類型論の現状
　　　1　契　約
　　　　(1)　類型の存在　　(2)　脱＝類型化
　　　2　不法行為
　　　　(1)　類型の不存在　　(2)　類型化
　　Ⅱ　類型論の検討
　　　1　類型の技術
　　　　(1)　類型のモデル性　　(2)　類型の開放性
　　　2　類型の理念
　　　　(1)　類型と秩序　　(2)　類型と自由　　(3)　類型と発見

　「類型」はなぜ存在するのか。この問いは典型契約類型を備えた契約法にこそふさわしい[1]。しかし，この問いは不法行為法とも密接にかかわる。709 条のように単一の要件のみでできた不法行為法のもとでは，**事実上の類型論**が展開されるのが常だからである。以下においては，契約・不法行為（さらには不当利得）の双方を視野に入れて類型論の現状を確認した上で（Ⅰ），その存在意義について若干の考察を加えておきたい（Ⅱ）。

1)　類型の効用につき積極的なものとして，北川 153-157 頁，消極的なものとして鈴木 718-719 頁（ただし，旧版とはややニュアンスのちがう説明になっている）。なお，議論状況につき，潮見 3-16 頁を参照。

I　類型論の現状

1　契　　約

(1)　類型の存在

　民法典は，第3編第2章契約の第2節から第14節にわたり，贈与から和解まで13種の契約に関する規定群を置いている。これら民法典に規定を有する契約類型を典型契約と呼んでいる（これは狭義の用語法。より広くは法典に規定のある契約類型を典型契約と呼ぶ。たとえば，債権総論部分に規定のある保証や商法に規定のある保険や運送・倉庫は，この意味では典型契約と言える）。この典型契約に対しては，非典型契約が対置される。非典型契約という用語はいろいろな意味を持っているが，通常は，**典型契約類型**にあてはまらない**個別契約**をこのように呼んでいる。

　さて，民法典に典型契約に関する規定を置くという制度（**典型契約制度**）はなぜ採用されているのだろうか。これは，いくつかのレベルで説明が可能である。一つは歴史的な説明である。ローマ法の時代には，すべての契約に対して法的な保護が与えられていたわけではなかった。はじめ，売買，賃貸借，雇用，委任といった契約類型に法的保護が与えられ，次第に，それ以外の契約にも法的保護が与えられるようになり，近代に至り，ようやくすべての契約に法的保護が与えられるようになったのである[1]。典型契約制度は，このような歴史の名残であるという説明である。しかし，今日，類型によって法的保護が異なるわけではないので，法的保護の有無という観点からすると，典型契約制度は不要であるということになる（実は要物契約などがあるので，厳密には法的保護は同じではない）。

　そこで，別の説明が必要になる。それは機能的な説明である。典型契約は，当事者が契約を結び裁判官が契約を解釈する際の基準であるというものである。契約内容は当事者が決定しそれが拘束力を持つが，必ずしも細部を決める必要はない。また，裁判官は当事者の意思解釈を第一に行うべきだが，そ

---

1)　広中俊雄・契約とその法的保護（創文社，初版，1974，著作集版，1992）。

れがわからない部分については典型契約類型を適用すればよい。つまり，典型契約制度は当事者意思を補充するものであるというのである。

　以上のように，契約自由の原則が支配し，契約内容の決定が当事者に委ねられている今日においては，典型契約制度はかつてほどは大きな意味を持たない。しかし，それでも補充的な意義はなお認められる。「売買だからこうなる」という思考様式は，今日でも当事者・裁判官の双方に根強く存在する。そして，学説もまた類型ごとに契約を論じ，学生にそれを教えている。つまり，法典の採用する**類型思考**は，近代になってもなお契約法を支配し続けているのである。

(2) 脱＝類型化

　ところが，日本では，第2次大戦後になって，典型契約制度の意義・役割を軽視する，否定する議論が非常に有力になった。これは，来栖三郎によって確立され[1]，その後，有力な学説によって一般化された見解であると言ってよい。この**典型契約否定論**は，おおよそ次のように説く。契約において最も大事なのは，その契約がいかなる契約かということであり，法適用においては，その契約にふさわしい規律を与えるべきである。そのためには，当事者の意思の探究が必要であり，また，契約法の規定を適用する際にもそれぞれの契約にふさわしい規定を探し出すべきである。単に，売買である，請負であるというだけで，売買の規定を適用して済ませる，請負の規定を適用して済ませるというのではいけない。また，売買とも請負とも言いがたい契約（非典型契約）を典型契約類型に押し込めるようなことをしてもいけない。

　つまり，典型契約否定論は，契約を個別に考えることを主張し，類型思考を拒否するのである。この背後には，具体的な妥当性を重んじ法的構成を嫌う「**利益考量論**」と呼ばれる法解釈方法論の影響が認められる。しかし，典型契約否定論は一般論のレベルを超えて浸透したとは思われない。先ほど述べたように，実務は相変わらず契約類型を前提にしているし，学説もまた具体的な議論のレベルでは，売買，賃貸借等々の契約類型について論じている

---

1) 来栖三郎・契約法（有斐閣，1974）736頁以下。

のである。さらに，典型契約否定論には理論的な難点がある。個々の契約に
ついてそれぞれにふさわしい法的処遇を考えるといっても，何を基準に「ふ
さわしい」法的処遇を考えるのか。実は，そこでは常に典型契約の処遇が基
準として意識されているのである。

　典型契約否定論が主張したのは，典型契約制度を過度に重視した杓子定規
な法適用はやめよう，ということであったのだろうと思われる。そうである
とすると，問題は，杓子定規でない法適用とはいかなるものであるのかとい
うことになるが，それは後で述べることにして（⇒Ⅱ**7**），ひとまず不法行為
に目を転ずることにしよう。

2　不 法 行 為

（1）　類型の不存在

　契約法から不法行為法に目を転ずると世界の見方は大きく変わるように思
われる。13種の契約類型を備えた契約法に対して，不法行為法は，709条と
いう一般的・統一的な不法行為法によって，原則としてすべての不法行為を
規律しようとしているように見えるからである（もちろん，特殊な不法行為は
あるが，これらは709条と同列のものではない）。なお，同様のことは，不当利
得についても言える。日本法は，703条に一般的・統一的な不当利得法を持
っているのである。

　しかし，不当利得のところで述べたように（⇒本シリーズ不法行為編），一
般的な不当利得法は古くから存在するわけではない。個別に認められていた
訴権が一般に認められるようになってはじめて一般不当利得法が観念される
ようになった。不法行為についても，ほぼ同様に考えることができるだろう
（不当利得に比べればかなり早い時期に**統一的要件**が出現したようであるけれども）。

　統一的要件の出現は，不法行為なり不当利得なりを全体として考えること
を可能とした。また，あるものは不法行為になるが，あるものはならないと
いう規律の谷間を埋めた。しかし，あまりにも一般的・抽象的な法規範は取
扱いが難しいという困難も生じた。

（2）　類　型　化

　そこで現れたのが**類型論**である。これも不法行為・不当利得のそれぞれに

ついてすでに述べた通りである。簡単に振り返ると，そこでの類型論には，二つの特色があったと言えようか。第一に，不法行為・不当利得の類型論は，現実に存在する事実類型から抽出されたものであるということ，第二に，そうであるがゆえに，常に，既存の類型にあてはまらない新しい事例が出てきて，それによって新類型が付加されることや旧類型が再編されることがあるということである。つまり，不法行為・不当利得における類型論は，**柔らかな類型・開かれた類型**であると言うことができる。

　以上のように，契約と不法行為とでは，類型論の歴史は異なるが，今日では，類型なしには問題を考えることは困難であるという認識，しかし，そのような類型は柔らかな類型である必要があるという認識は一致していると言ってもよいだろう。

　なお，付言するが，類型論的な契約法，一元論的な不法行為法という編成は，普遍的なものではない。フランス法はこのような編成をとっており，ドイツ法もそれに近い（ただし，ドイツの不法行為法は3類型に分かれている）。しかし，英米法では，不法行為の方が類型に分かれており，契約が一元的に処理されている。以上の議論は，おおまかに言えば，そのままひっくり返せば，英米法についてもあてはまる議論と言えるだろう。

Ⅱ　類型論の検討

　以下，柔らかな類型・開かれた類型について，類型論の是非自体に議論の蓄積がある契約の方を中心に，検討を加えてみたい[1]。

1　類型の技術

（1）　類型のモデル性

まず，典型契約類型はあくまでもある契約類型の**モデル**（典型）を示すも

---

1)　大村敦志・典型契約と性質決定（有斐閣，1997）を参照。

のであることに注意する必要がある。このモデルにぴったりとあてはまるような契約は実際にそれほど多くないかもしれない。同じく売買といっても，売買のプロトタイプ（原型）に近いものと，それから離れたものとがあるのである。これは，同じく「鳥」といっても，典型的な「鳥」（スズメやハト）とそうでない「鳥」（ペンギン）があるのと同じである。

　それゆえ，その法的処遇についても，モデルを想定した処理をすれば足りることもあるけれども，それから外れた処理をした方がよいこともある。そして，そのような例外的な処理を法典が用意していることもある。しかし，規定が欠けており当事者が合意によって決めなければならないこともある。それにしても，売買なら売買の場合の典型的な契約関係や，よく見られるバリエーションについては，予め，法律・判例・実務・学説が標準処理を定めているということの意味は大きい。標準処理には内容妥当性が含意されているが，それから外れる場合には，これを基準として，新たに設定される法律関係の処理方法の策定・評価が可能になるからである。

　確かに，典型契約否定論が主張したように，すべての契約を既存のモデルに押し込もうという思考方法は妥当でないだろう。しかし，標準モデルからそう遠くないものについては，モデルを軸に考えるというのが思考の経済にかなっている。モデル思考の限界をわきまえることは大事だが，だからといってその効用を忘れてはならない。非典型契約に対処する場合には，まずモデルで処理できるか試みた上で，その可能性が尽きたところで手探りの個別的処理に移ればよい。

（2）　類型の開放性

　次に，現実の典型契約類型は歴史の産物であり，そのリストは経験的なものであることにも注意が必要である。時代が変われば必要な契約類型も変わる。それゆえ，現行民法典の典型契約リストが十分でないという批判はありうる。新種の「鳥」が発見されたのに，いつまでも昔のままのリストでは困るというわけである。

　しかし，それは法定類型の固定性に対する批判とはなるが，類型思考自体に対する批判とはならない。**法定類型**で足りないものについては，**非法定類型**を追加することができるからである。今日，学者や実務家が，リース契約

とは何か，クレジット契約とは何か，などと議論しているのは，新しい契約類型をつけ加える必要があるか，あるとして，その中身はどのようなものとするかを検討しているということにほかならない。契約類型ではないが，たとえば，『新基本民法3 担保編』では「譲渡担保」という担保を扱うが，これは民法に規定のない担保方法であるので，非典型担保と呼ばれている。譲渡担保という担保があること，そして，その要件効果については，かなりの程度まで意見の一致が見られる。その意味では，これは類型として成熟していると言える。譲渡担保は「典型的な非典型担保」と言われることがあるが，これは，譲渡担保は，「類型として熟しつつあるが，まだ法定されてはいない担保類型」ということであろう。

2 類型の理念

これまで，類型の効用を思考の経済という技術的な面から強調してきたが，契約類型にはより理念的なメリットもある。

(1) 類型と秩序

第一に，類型には**秩序維持の機能**がある。典型契約類型は歴史の中で生成してきた類型である。売買なら売買の規範内容は，長年にわたって人々の批判の目にさらされてきた。そして，一般的に見て当事者に公平な内容がそこには盛り込まれてきた[1]。それゆえ，典型契約類型にあてはまる契約は，内容に著しい不公正のない契約であるという推定が働く。だから，標準型から大きく外れない限り，その内容に拘束力を認めても正義に反することはない。逆に言うと，任意規定に修正を加える当事者の合意に対しては，当該合意が双務契約の当事者の権利義務のバランスを損なわないかというチェックの意識が働く。また，全く新しい内容の契約については，内容に問題がないかというコントロールがいちいち個別に必要になる。つまり，類型には，契約内容のチェックの対象確定と基準提供の意味がある。これによって契約秩序の維持はより容易になる。

---

1) 広中328頁など。

（2）　類型と自由

　第二に，類型には**自由確保の機能**がある。社会的なチェックを経た標準的な契約類型がセットされているということは，いわば品質保証のされた商品が展示されているようなものである。契約を締結しようという当事者たちは，適切な内容の契約を自分で全く最初からつくるのではなく，この出来合いの契約類型を使うことができる。メニューのないレストランとメニューのあるレストランでは，はたしてどちらが自由かという問題である。

　もちろん，出来合いのメニューが嫌いな人，それでは満足できない人もいるだろう。そういう人はある程度のリスクを冒して新しい，オリジナルなメニュー（契約）を作成すればよい。そのような高度な自由も典型契約制度は否定していない。そして，それが時代の要請にかなったものであれば，個人の創発にかかる契約は契約類型として社会に定着する。料理の比喩を続けるならば，そのようにして生まれた新しい料理は少なくないはずである。

（3）　類型と発見

　第三に，類型には**発見補助の機能**もある。この点は，不法行為法の方がわかりやすいかもしれない。アド・ホックに設けられたのではなく，何らかの基準を設定して導かれた場合には，類型は未知のものに光をあてる役割を果たす。たとえば，広中俊雄は不法行為法における被侵害利益を類型化するにあたり，「財産―人格」軸と「権利―秩序」軸とをクロスさせてみた[1]。その結果として従来の不法行為判例は「財産＋権利」の象限に分類されるが，ここに収まらない問題が類型的に存在することが明らかにされた。すなわち，広中の類型論は，財産から人格へ，権利から秩序へと不法行為の保護法益を拡張展開していく契機を含んでいたのである。

　以上に述べたことは，実は，法の学習そのものについても言えることである。大学では，一応の考え方・標準の考え方を教えている。もちろん，これで処理できない事件も多いし，そこには妥当でない考え方も含まれているだ

　1）　広中146頁以下。

ろう。しかし，多くの日常的な事件は処理可能だろうし，また，新しい解釈論・立法論が必要だとしても，それらもまた大学で教えられる基礎知識を前提に考え出されることになるだろう。1960年〜70年代の利益考量法学が説いたように，事件に着目して考えること，結論の良し悪しを考えることは，それ自体はとても大事なことだが，実は，そのように考えるのにも，基準となる知識が必要なのである。法的知識（さらに知識一般）には，それに拘束されることによって自由が獲得されるというパラドクスが潜んでいるのである。

MAIN QUESTION

契約各則はなぜ存在するのか？

KEY SENTENCES

■典型契約は，当事者が契約を結び裁判官が契約を解釈する際の基準である。

■典型契約否定論が主張したように，すべての契約を既存のモデルに押し込もうという思考方法は妥当でないだろう。しかし，標準モデルからそう遠くないものについては，モデルを軸に考えるというのが思考の経済にかなっている。

■典型契約類型にあてはまる契約は，内容に著しい不公正のない契約であるという推定が働く。だから，標準型から大きく外れない限り，その内容に拘束力を認めても正義に反することはない。

■契約を締結しようという当事者たちは，適切な内容の契約を自分で全く最初からつくるのではなく，出来合いの契約類型を使うことができる。

TECHNICAL TERMS

事実上の類型　典型契約類型と個別契約　典型契約制度　類型思考　典型契約否定論　利益考量論　統一的要件と類型論　柔らかな類型・開かれた類型　モデル　法定類型・非法定類型　秩序維持の機能　自由確保の機能　発見補助の機能

REFERENCES

大村敦志・典型契約と性質決定（有斐閣，1997）

石川博康・「契約の本性」の法理論（有斐閣，2010）

　前者は契約の成立要件とされるコーズ（cause）の契約類別機能に注目し，後者は契約内容を要素・常素・偶素に三分する思考法の現代的意義を問う。いずれも契約の類型性に光をあてる。なお，竹中悟人「契約の成立とコーズ(1)〜(8・完)」法学協会雑誌 126 巻 12 号〜127 巻 7 号（2009-10），森田修「フランスにおける『契約の法性決定』(1)〜(6・完)」法学協会雑誌 131 巻 12 号〜132 巻 12 号（2014-15）によって，検討はさらに進んでいる。

〔資料〕賃貸住宅標準契約書

（契約の締結）

第1条　貸主（以下「甲」という。）及び借主（以下「乙」という。）は，頭書（1）に記載する賃貸借の目的物（以下「本物件」という。）について，以下の条項により賃貸借契約（以下「本契約」という。）を締結した。

（契約期間及び更新）

第2条　契約期間は，頭書（2）に記載するとおりとする。

2　甲及び乙は，協議の上，本契約を更新することができる。

（使用目的）

第3条　乙は，居住のみを目的として本物件を使用しなければならない。

（賃料）

第4条　乙は，頭書（3）の記載に従い，賃料を甲に支払わなければならない。

2　1か月に満たない期間の賃料は，1か月を30日として日割計算した額とする。

3　甲及び乙は，次の各号の一に該当する場合には，協議の上，賃料を改定することができる。

　　一　土地又は建物に対する租税その他の負担の増減により賃料が不相当となった場合

　　二　土地又は建物の価格の上昇又は低下その他の経済事情の変動により賃料が不相当となった場合

　　三　近傍同種の建物の賃料に比較して賃料が不相当となった場合

（共益費）

第5条　乙は，階段，廊下等の共用部分の維持管理に必要な光熱費，上下水道使用料，清掃費等（以下この条において「維持管理費」という。）に充てるため，共益費を甲に支払うものとする。

2　前項の共益費は，頭書（3）の記載に従い，支払わなければならない。

3　1か月に満たない期間の共益費は，1か月を30日として日割計算した額とする。

4　甲及び乙は，維持管理費の増減により共益費が不相当となったときは，協議の上，共益費を改定することができる。

（敷金）

第6条　乙は，本契約から生じる債務の担保として，頭書（3）に記載する敷金を甲に交付するものとする。

2　甲は，乙が本契約から生じる債務を履行しないときは，敷金をその債務の弁済に充てることができる。この場合において，乙は，本物件を明け渡すまでの間，敷金

220

をもって当該債務の弁済に充てることを請求することができない。

3 甲は，本物件の明渡しがあったときは，遅滞なく，敷金の全額を乙に返還しなければならない。ただし，本物件の明渡し時に，賃料の滞納，第15条に規定する原状回復に要する費用の未払いその他の本契約から生じる乙の債務の不履行が存在する場合には，甲は，当該債務の額を敷金から差し引いた額を返還するものとする。

4 前項ただし書の場合には，甲は，敷金から差し引く債務の額の内訳を乙に明示しなければならない。

（反社会的勢力の排除）

第7条 甲及び乙は，それぞれ相手方に対し，次の各号の事項を確約する。

一 自らが，暴力団，暴力団関係企業，総会屋若しくはこれらに準ずる者又はその構成員（以下総称して「反社会的勢力」という。）ではないこと。

二 自らの役員（業務を執行する社員，取締役，執行役又はこれらに準ずる者をいう）が反社会的勢力ではないこと。

三 反社会的勢力に自己の名義を利用させ，この契約を締結するものでないこと。

四 自ら又は第三者を利用して，次の行為をしないこと。

ア 相手方に対する脅迫的な言動又は暴力を用いる行為

イ 偽計又は威力を用いて相手方の業務を妨害し，又は信用を毀損する行為

2 乙は，甲の承諾の有無にかかわらず，本物件の全部又は一部につき，反社会的勢力に賃借権を譲渡し，又は転貸してはならない。

（禁止又は制限される行為）

第8条 乙は，甲の書面による承諾を得ることなく，本物件の全部又は一部につき，賃借権を譲渡し，又は転貸してはならない。

2 乙は，甲の書面による承諾を得ることなく，本物件の増築，改築，移転，改造若しくは模様替又は本物件の敷地内における工作物の設置を行ってはならない。

3 乙は，本物件の使用に当たり，別表第1に掲げる行為を行ってはならない。

4 乙は，本物件の使用に当たり，甲の書面による承諾を得ることなく，別表第2に掲げる行為を行ってはならない。

5 乙は，本物件の使用に当たり，別表第3に掲げる行為を行う場合には，甲に通知しなければならない。

（契約期間中の修繕）

第9条 甲は，乙が本物件を使用するために必要な修繕を行わなければならない。この場合の修繕に要する費用については，乙の責めに帰すべき事由により必要となったものは乙が負担し，その他のものは甲が負担するものとする。

2 前項の規定に基づき甲が修繕を行う場合は，甲は，あらかじめ，その旨を乙に通知しなければならない。この場合において，乙は，正当な理由がある場合を除き，

当該修繕の実施を拒否することができない。

3　乙は，本物件内に修繕を要する箇所を発見したときは，甲にその旨を通知し修繕の必要について協議するものとする。

4　前項の規定による通知が行われた場合において，修繕の必要が認められるにもかかわらず，甲が正当な理由なく修繕を実施しないときは，乙は自ら修繕を行うことができる。この場合の修繕に要する費用については，第1項に準ずるものとする。

5　乙は，別表第4に掲げる修繕について，第1項に基づき甲に修繕を請求するほか，自ら行うことができる。乙が自ら修繕を行う場合においては，修繕に要する費用は乙が負担するものとし，甲への通知及び甲の承諾を要しない。

（契約の解除）

第10条　甲は，乙が次に掲げる義務に違反した場合において，甲が相当の期間を定めて当該義務の履行を催告したにもかかわらず，その期間内に当該義務が履行されないときは，本契約を解除することができる。

　一　第4条第1項に規定する賃料支払義務

　二　第5条第2項に規定する共益費支払義務

　三　前条第1項後段に規定する費用負担義務

2　甲は，乙が次に掲げる義務に違反した場合において，甲が相当の期間を定めて当該義務の履行を催告したにもかかわらず，その期間内に当該義務が履行されずに当該義務違反により本契約を継続することが困難であると認められるに至ったときは，本契約を解除することができる。

　一　第3条に規定する本物件の使用目的遵守義務

　二　第8条各項に規定する義務（同条第3項に規定する義務のうち，別表第1第六号から第八号に掲げる行為に係るものを除く。）

　三　その他本契約書に規定する乙の義務

3　甲又は乙の一方について，次のいずれかに該当した場合には，その相手方は，何らの催告も要せずして，本契約を解除することができる。

　一　第7条第1項各号の確約に反する事実が判明した場合

　二　契約締結後に自ら又は役員が反社会的勢力に該当した場合

4　甲は，乙が第7条第2項に規定する義務に違反した場合又は別表第1第六号から第八号に掲げる行為を行った場合は，何らの催告も要せずして，本契約を解除することができる。

（乙からの解約）

第11条　乙は，甲に対して少なくとも30日前に解約の申入れを行うことにより，本契約を解約することができる。

2　前項の規定にかかわらず，乙は，解約申入れの日から30日分の賃料（本契約の解

約後の賃料相当額を含む。）を甲に支払うことにより，解約申入れの日から起算して30日を経過する日までの間，随時に本契約を解約することができる。

（一部滅失等による賃料の減額等）

第12条　本物件の一部が滅失その他の事由により使用できなくなった場合において，それが乙の責めに帰することができない事由によるものであるときは，賃料は，その使用できなくなった部分の割合に応じて，減額されるものとする。この場合において，甲及び乙は，減額の程度，期間その他必要な事項について協議するものとする。

2　本物件の一部が滅失その他の事由により使用できなくなった場合において，残存する部分のみでは乙が賃借をした目的を達することができないときは，乙は，本契約を解除することができる。

（契約の終了）

第13条　本契約は，本物件の全部が滅失その他の事由により使用できなくなった場合には，これによって終了する。

（明渡し）

第14条　乙は，本契約が終了する日までに（第10条の規定に基づき本契約が解除された場合にあっては，直ちに），本物件を明け渡さなければならない。

2　乙は，前項の明渡しをするときには，明渡し日を事前に甲に通知しなければならない。

（明渡し時の原状回復）

第15条　乙は，通常の使用に伴い生じた本物件の損耗及び本物件の経年変化を除き，本物件を原状回復しなければならない。ただし，乙の責めに帰することができない事由により生じたものについては，原状回復を要しない。

2　甲及び乙は，本物件の明渡し時において，契約時に特約を定めた場合は当該特約を含め，別表第5の規定に基づき乙が行う原状回復の内容及び方法について協議するものとする。

（立入り）

第16条　甲は，本物件の防火，本物件の構造の保全その他の本物件の管理上特に必要があるときは，あらかじめ乙の承諾を得て，本物件内に立ち入ることができる。

2　乙は，正当な理由がある場合を除き，前項の規定に基づく甲の立入りを拒否することはできない。

3　本契約終了後において本物件を賃借しようとする者又は本物件を譲り受けようとする者が下見をするときは，甲及び下見をする者は，あらかじめ乙の承諾を得て，本物件内に立ち入ることができる。

4　甲は，火災による延焼を防止する必要がある場合その他の緊急の必要がある場合

においては，あらかじめ乙の承諾を得ることなく，本物件内に立ち入ることができる。この場合において，甲は，乙の不在時に立ち入ったときは，立入り後その旨を乙に通知しなければならない。

（家賃債務保証業者の提供する保証）

第17条　頭書（6）に記載する家賃債務保証業者の提供する保証を利用する場合には，家賃債務保証業者が提供する保証の内容については別に定めるところによるものとし，甲及び乙は，本契約と同時に当該保証を利用するために必要な手続を取らなければならない。

（協議）

第18条　甲及び乙は，本契約書に定めがない事項及び本契約書の条項の解釈について疑義が生じた場合は，民法その他の法令及び慣行に従い，誠意をもって協議し，解決するものとする。

（特約条項）

第19条　第18条までの規定以外に，本契約の特約については，下記のとおりとする。

甲：　　　　　　　　印
乙：　　　　　　　　印

224

別表第1（第8条第3項関係）

一	銃砲，刀剣類又は爆発性，発火性を有する危険な物品等を製造又は保管すること。
二	大型の金庫その他の重量の大きな物品等を搬入し，又は備え付けること。
三	排水管を腐食させるおそれのある液体を流すこと。
四	大音量でテレビ，ステレオ等の操作，ピアノ等の演奏を行うこと。
五	猛獣，毒蛇等の明らかに近隣に迷惑をかける動物を飼育すること。
六	本物件を，反社会的勢力の事務所その他の活動の拠点に供すること。
七	本物件又は本物件の周辺において，著しく粗野若しくは乱暴な言動を行い，又は威勢を示すことにより，付近の住民又は通行人に不安を覚えさせること。
八	本物件に反社会的勢力を居住させ，又は反復継続して反社会的勢力を出入りさせること。

別表第2（第8条第4項関係）

一	階段，廊下等の共用部分に物品を置くこと。
二	階段，廊下等の共用部分に看板，ポスター等の広告物を掲示すること。
三	観賞用の小鳥，魚等であって明らかに近隣に迷惑をかけるおそれのない動物以外の犬，猫等の動物（別表第1第五号に掲げる動物を除く。）を飼育すること。

別表第3（第8条第5項関係）

一	頭書（5）に記載する同居人に新たな同居人を追加（出生を除く。）すること。
二	1か月以上継続して本物件を留守にすること。

別表第4（第9条第5項関係）

ヒューズの取替え	蛇口のパッキン，コマの取替え
風呂場等のゴム栓，鎖の取替え	電球，蛍光灯の取替え
その他費用が軽微な修繕	

別表第5（第15条関係）

【原状回復の条件について】
　本物件の原状回復条件は，下記Ⅱの「例外としての特約」による以外は，賃貸住宅の原状回復に関する費用負担の一般原則の考え方によります。すなわち，
・借主の故意・過失，善管注意義務違反，その他通常の使用方法を超えるような使用による損耗等については，借主が負担すべき費用となる。なお，震災等の不可抗力による損耗，上階の居住者など借主と無関係な第三者がもたらした損耗等については，借主が負担すべきものではない。
・建物・設備等の自然的な劣化・損耗等（経年変化）及び借主の通常の使用により生ずる損耗等（通常損耗）については，貸主が負担すべき費用となる
ものとします。
　その具体的内容は，国土交通省の「原状回復をめぐるトラブルとガイドライン（再改訂版）」において定められた別表1及び別表2のとおりですが，その概要は，下記Ⅰのとおりです。

Ⅰ　本物件の原状回復条件
（ただし，民法第90条並びに消費者契約法第8条，第8条の2，第9条及び第10条に反しない内容に関して，下記Ⅱの「例外としての特約」の合意がある場合は，その内容によります。）

　1　貸主・借主の修繕分担表

貸主の負担となるもの	借主の負担となるもの
【床（畳・フローリング・カーペットなど）】	
1. 畳の裏返し，表替え（特に破損してないが，次の入居者確保のために行うもの） 2. フローリングのワックスがけ 3. 家具の設置による床，カーペットのへこみ，設置跡 4. 畳の変色，フローリングの色落ち（日照，建物構造欠陥による雨漏りなどで発生したもの）	1. カーペットに飲み物等をこぼしたことによるシミ，カビ（こぼした後の手入れ不足等の場合） 2. 冷蔵庫下のサビ跡（サビを放置し，床に汚損等の損害を与えた場合） 3. 引越作業等で生じた引っかきキズ 4. フローリングの色落ち（借主の不注意で雨が吹き込んだことなどによるもの）
【壁，天井（クロスなど）】	
1. テレビ，冷蔵庫等の後部壁面の黒ずみ（いわゆる電気ヤケ） 2. 壁に貼ったポスターや絵画の跡 3. 壁等の画鋲，ピン等の穴（下地ボードの張替えは不要な程度のもの） 4. エアコン（借主所有）設置による壁のビス穴，跡 5. クロスの変色（日照などの自然現象によるもの）	1. 借主が日常の清掃を怠ったための台所の油汚れ（使用後の手入れが悪く，ススや油が付着している場合） 2. 借主が結露を放置したことで拡大したカビ，シミ（貸主に通知もせず，かつ，拭き取るなどの手入れを怠り，壁等を腐食させた場合） 3. クーラーから水漏れし，借主が放置したため壁が腐食 4. タバコのヤニ，臭い（喫煙等によりクロス等が変色したり，臭いが付着している場合） 5. 壁等のくぎ穴，ネジ穴（重量物をかけるためにあけたもので，下地ボードの張替えが必要な程度のもの） 6. 借主が天井に直接つけた照明器具の跡 7. 落書き等の故意による毀損
【建具等，襖，柱等】	
1. 網戸の張替え（特に破損はしてないが，次の入居者確保のために行うもの） 2. 地震で破損したガラス 3. 網入りガラスの亀裂（構造により自然に発生したもの）	1. 飼育ペットによる柱等のキズ，臭い（ペットによる柱，クロス等にキズが付いたり，臭いが付着している場合） 2. 落書き等の故意による毀損
【設備，その他】	
1. 専門業者による全体のハウスクリーニング（賃借人が通常の清掃を実施している場合） 2. エアコンの内部洗浄（喫煙等の臭いなどが付着していない場合） 3. 消毒（台所・トイレ） 4. 浴槽，風呂釜等の取替え（破損等はしていないが，次の入居者確保のために行うもの） 5. 鍵の取替え（破損，鍵紛失のない場合） 6. 設備機器の故障，使用不能（機器の寿命によるもの）	1. ガスコンロ置き場，換気扇等の油汚れ，すす（借主が清掃・手入れを怠った結果汚損が生じた場合） 2. 風呂，トイレ，洗面台の水垢，カビ等（借主が清掃・手入れを怠った結果汚損が生じた場合） 3. 日常の不適切な手入れもしくは用法違反による設備の毀損 4. 鍵の紛失又は破損による取替え 5. 戸建賃貸住宅の庭に生い茂った雑草

226

2 借主の負担単位

負担内容			借主の負担単位	経過年数等の考慮
床	毀損部分の補修	畳	原則一枚単位 毀損部分が複数枚の場合はその枚数分（裏返しか表替えかは，毀損の程度による）	（畳表） 経過年数は考慮しない。
		カーペットクッションフロア	毀損等が複数箇所の場合は，居室全体	（畳床・カーペット・クッションフロア） 6年で残存価値1円となるような負担割合を算定する。
		フローリング	原則 m² 単位 毀損等が複数箇所の場合は，居室全体	（フローリング） 補修は経過年数を考慮しない （フローリング全体にわたる毀損等があり，張り替える場合は，当該建物の耐用年数で残存価値1円となるような負担割合を算定する。）
壁・天井（クロス）	毀損部分の補修	壁（クロス）	m² 単位が望ましいが，借主が毀損した箇所を含む一面分までは張替え費用を借主負担としてもやむをえないとする。	（壁〔クロス〕） 6年で残存価値1円となるような負担割合を算定する。
		タバコ等のヤニ，臭い	喫煙等により当該居室全体においてクロス等がヤニで変色したり臭いが付着した場合のみ，居室全体のクリーニング又は張替費用を借主負担とすることが妥当と考えられる。	
建具・柱	毀損部分の補修	襖	1枚単位	（襖紙，障子紙） 経過年数は考慮しない。
		柱	1本単位	（襖，障子等の建具部分，柱） 経過年数は考慮しない。
設備・その他	設備の補修	設備機器	補修部分，交換相当費用	（設備機器） 耐用年数経過時点で残存価値1円となるような直線（又は曲線）を想定し，負担割合を算定する。
	鍵の返却	鍵	補修部分 紛失の場合は，シリンダーの交換も含む。	鍵の紛失の場合は，経過年数は考慮しない。交換費用相当分を借主負担とする。
	通常の清掃※	クリーニング ※通常の清掃や退去時の清掃を怠った場合のみ	部位ごと，又は住戸全体	経過年数は考慮しない。借主負担となるのは，通常の清掃を実施していない場合で，部位もしくは，住戸全体の清掃費用相当分を借主負担とする。

設備等の経過年数と借主負担割合（耐用年数6年及び8年，定額法の場合）
借主負担割合（原状回復義務がある場合）

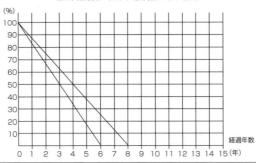

3　原状回復工事施工目安単価
　　（物件に応じて，空欄に「対象箇所」，「単位」，「単価（円）」を記入して使用してください。）

対象箇所		単位	単価（円）
	床		
	天井・壁		
	建具・柱		
設備・その他	共通		
	玄関・廊下		
	台所・キッチン		
	浴室・洗面所・トイレ		
	その他		

※この単価は，あくまでも目安であり，入居時における借主・貸主双方で負担の概算額を認識するためのものです。
※従って，退去時においては，資材の価格や在庫状況の変動，毀損の程度や原状回復施工方法等を考慮して，借主・貸主双方で協議した施工単価で原状回復工事を実施することとなります。

Ⅱ　例外としての特約

　原状回復に関する費用の一般原則は上記のとおりですが，借主は，例外として，下記の費用については，借主の負担とすることに合意します（ただし，民法第90条並びに消費者契約法第8条，第8条の2，第9条及び第10条に反しない内容に限ります）。
（括弧内は，本来は貸主が負担すべきものである費用を，特別に借主が負担することとする理由。）

```
・

　　　　　　　甲：　　　　　　　　印
　　　　　　　乙：　　　　　　　　印
```

記名押印欄

> 　下記貸主（甲）と借主（乙）は，本物件について上記のとおり賃貸借契約を締結したことを証するため，本契約書2通を作成し，甲乙記名押印の上，各自その1通を保有する。

平成　　　　年　　　　月　　　　日

貸主（甲）　　住所　〒
　　　　　　　氏名　　　　　　　　　　　　　　　　　　　　印
　　　　　　　電話番号

借主（乙）　　住所　〒
　　　　　　　氏名　　　　　　　　　　　　　　　　　　　　印
　　　　　　　電話番号
連帯保証人　　住所　〒
　　　　　　　氏名　　　　　　　　　　　　　　　　　　　　印
　　　　　　　電話番号

媒介　　　　　免許証番号〔　　　　〕　知事・国土交通大臣（　　　　）　第　　　　号
　　業者
代理　　　　　事務所所在地

　　　　　　　商号（名称）

　　　　　　　代表者氏名　　　　　　　　　　　印

　　　　　　　宅地建物取引主任者　　　登録番号〔　　　〕知事　第　　　号
　　　　　　　　　　　　　　　　　　　　　　氏名　　　　　　　　印

（国土交通省ウェブサイトより）

条文索引

230

234

判 例 索 引

238

事 項 索 引

240

242

■ **著者紹介**

大 村 敦 志（おおむら・あつし）

　　1958 年生まれ
　　1982 年 東京大学法学部卒業
　　東京大学法学部教授を経て，現在，学習院大学大学院法務研究科教授

主要著書

　　民法研究ハンドブック（有斐閣，共著，2000 年）
　　民法総論（岩波書店，2001 年）
　　生活民法入門（東京大学出版会，2003 年）
　　もうひとつの基本民法 I・II（有斐閣，I：2005 年，II：2007 年）
　　民法のみかた（有斐閣，2010 年）
　　消費者法（有斐閣，第 4 版，2011 年）
　　民法学を語る（有斐閣，共著，2015 年）
　　広がる民法 1（有斐閣，2017 年）
　　人間の学としての民法学 1・2（岩波書店，2018）
　　新基本民法 1・2・3・4・6・7・8（有斐閣，3：2016 年，7：2014 年，8：
　　　2017 年，1・2・4〔第 2 版〕：2019 年，6〔第 2 版〕：2020 年）

新基本民法 5　契約編　各種契約の法　第 2 版
Nouveau droit civil fondamental 5, Contrats spéciaux

　平成 28 年 7 月 15 日　初　版第 1 刷発行
　令和 2 年 4 月 10 日　第 2 版第 1 刷発行

　　著　者　　大　村　敦　志

　　発行者　　江　草　貞　治

　　　　　　　　　東京都千代田区神田神保町 2-17
　　発行所　　株式会社　有　斐　閣

　　　　　　　　郵便番号 101-0051
　　　　　　　　電話（03）3264-1314〔編集〕
　　　　　　　　　　　（03）3265-6811〔営業〕
　　　　　　　　http://www.yuhikaku.co.jp/

印刷・株式会社精興社／製本・大口製本印刷株式会社
© 2020, Atsushi OMURA. Printed in Japan
落丁・乱丁はお取替えいたします。
★定価はカバーに表示してあります。
ISBN 978-4-641-13831-5